ケアと暴力・産み育て・国家

山田わか

生と愛の条件

編／著 望月雅和

著 大友りお 纓坂英子 森脇健介 弓削尚子

監修／解説 能智正博

現代書館

山田わか　生と愛の条件

——ケアと暴力・産み育て・国家

目次

・読者の便宜を図るため、引用文中の一部旧字体を新字体に改めている。
・執筆は本書構成に基づいた順序となっている。

山田わか(1879-1957)と夫の嘉吉(1866-1934)

序　文　愛の飛翔と切断——人間と教育を学ぶために

望月　雅和

本書は、山田わかの基本図書として、その生涯を愛とケアを通して評伝的に記しながら、人間の生き方と教育を学ぶための一般に開かれた学術書である。

ある人を好きになったとき、とりわけ恋愛や結婚へとつながっていくような強い愛情が生まれたときに、こころとからだの強い思いがいつまでも——、時として永遠に——続いていくと感じられることがある。ところが、現実は必ずしもそうはならない。恋人に抱かれて永遠に飛翔していくような体感、エロス、生きる力は、何かをきっかけとして突如として切り裂かれる。さらには、相手のからだを求める強烈な衝動は、制約が効かない強権的な遂行を生み出し、こころとからだを時として暴力的に奪い去る。

ここで、ケア（例えば、母による子どもへの援助・母の子どもへの愛情による世話）の事例について、考えてみることにしよう。一見すると離れた言葉であると思われる「愛と暴力」の関係は濃密に結び付いていく。一般的に愛の結晶として捉えられる結婚、母の愛、家族の安らぎの場所としての家庭は、さまざまな状況や理由により「ドメスティック・バイオレンス（家庭内暴力）」や「児童虐待」が生まれる温床となり、緊急に公的なケアを求める深刻な場へと変化していく。

近年、このような親密な愛情関係とケアの問題は、深刻な問題として扱われ、例えば、二〇〇〇年に児童虐待防止法が制定され、家族間の暴力や母子など親密性における暴力が、公共的な問題として捉えられる。家族の母性や愛に関する歴史的な論争は、我が国では「母性保護論争」として繰り広げられてきた。論者は、それぞれ歴史的な活動をしてきた平塚らいてう、与謝野晶子、山川菊栄、そして、本書の主人公である山田わかである。

「母性愛を賛美」することについて、ひときわ異彩を放っている論者が山田わかであり、自らの体験を経て創りあげた、愛と家族への強烈な思いや行動がある。実は、本書の中で論じられるが、わかは、若き日に強制売春という体験、性暴力被害の「当事者」であり、温かい家族関係を引き裂かれ、のちに学びや使命感を育て、保育園の建設や売春女性へのケアの事業を創りあげてきた。自らの体験による学び、こころとからだへ傷を負った経験と学びとを経て、同じ売春業の女性へのケアの活動をしていく。慈しみ深い母の役割がイメージされて、家族や母親を礼賛していくのであった。

＊

山田わかは、自らの体験や被害により、徹底して家族や母性を尊び、「ケアの役割」を担うという固定的な母や女性像、恋愛や母親の道徳を説く教育へと連動して論じていった。しかし、自らの実体験から派生する、恋愛、結婚、家族におけるケアの役割は、日本の国力増進をしていく道徳に繋がっていき、社会の秩序を強化する国家の教育にやがて親密になっていく。

この点は特に、本文や解題でも指摘するが、わかはやがて、母性愛、家族の基礎として日本国を尊び、「世界新秩序建設」を叫んで、「いざ『一億一心、火の玉』の中へ飛び込ませて頂く」と述べるに至り、新しい道徳的な秩序に基づく世界への構想を広く示していく。当時から、女性のケア役割、女性のあり方を固定的にイメージして、理想の女性像が高められていくことに対して、菊栄に象徴される論客によって強い危惧が表明されていた。道徳やこころとからだへの統制の高まりとともに、わかは国際的な戦時国家と親しくなっていったのである。

わかは、自分自身が性暴力の被害者であり、当事者でもあったのだ。そうした自らの体験や苦しみを経て、宗教的で崇高な使命を抱いて慈しみ深い愛の実践を説く彼女が、なぜ国家的な暴力と親しくなっていくのだろうか。わかの生涯には、この生命の因果、悲劇についての教訓（レッスン）が現在まで伝わってくるのである――。

＊

本書は、山田わかという、これまで単著等で取り上げられることが稀な人物をテーマとして、さまざまな学術領域の第一線で活動している研究者による評伝的な書物である。特に愛とケア、教育等をテーマとして、国際的な比較文学、心理学、法学、思想、教育と福祉、経営倫理、ジェンダーといった学際的、流動的な観点から、一冊の本にまとめあげたものである。山田わかは、歴史的な人物として、社会福祉、女性学、教育、国際日本研究（Japanese studies）といった、学術領域を交差する分野に生きていったが、これまで単著というと、山崎朋子著『あめゆきさんの歌——山田わかの数奇なる生涯』[1]（一九七八年）の先駆的な本があるものの、現在から四十年以上前の本で絶版になっており入手が難しく、これを除いて彼女をテーマとした一般向けの書籍としてアマゾン等によって新刊として購入できる本は、今に至るまで一冊も存在していない。

しかし、例えば、社会福祉分野から、日本社会福祉学会学術賞などを受賞した今井小の実著『社会福祉思想としての母性保護論争——〝差異〟をめぐる運動史』[2]の一部、あるいは、アメリカで優れた山田わか研究を続けている斎藤理香の論文、女性学分野の海妻径子の論文のように、意義深い研究は今日まで続いている。

さらに、山田わかのドラマティックな生涯は、決して、研究分野だけではなく、さまざまな分野に価値を創造する可能性を秘めていることも誠に重要である。例えば、NHKによって、国際的な活躍する女性として映像がまとめられていたり、TBSの長編大作ドラマ「あめゆきさん」[3]においては俳優の三田佳子、秋吉久美子、松田優作他により演じられている。また、こうしたこれまでの成果に頼らなくとも、彼女の世界的な活躍は、実に劇的、文学的であり、今後はさらに、彼女の生涯が広くインスピレーションを与えて、さまざまな文芸、芸術作品を生み出していくであろう。

*

ここで、本書の出版に至る経緯を記しておきたい。もともと、本書は、かねてから学会活動等でご一緒させて頂いていた諸橋泰樹先生（フェリス女学院大学教授・日本出版学会理事）のご推薦を私に頂き、独立した強い使命感によって、数々の優れた書物を出版してきた出版社・現代書館によるご依頼である。私自身、これまで学術系の事業企画は、学会の役員等を通して、数々関わってきたものの、このような数年に亘り出版企画の中心者として、優れた先生方とともに出版していくという企画はこれまでに経験がなく、私の携わった企画の中でも、実に難しく、同時に、可能性や歴史的な使命も感じる企画であった。

この長く困難な出版企画の工程において、継続して目途が立てたのも、本企画をご担当して頂き、これまでの長い編集経験の到達の一つとして、「山田わか」をテーマとする後世へと残す書物として、この出版企画を位置づけて頂いた、吉田秀登編集部長のご慈愛や指導によるものである。そして、信頼できる出版社であること、この出版構想へ、ささやかであっても貢献したいという使命感にもよる。

とりわけ、吉田部長には、私のリーダーシップへの徹底的なサポートと、時に信じられないほど自由な空間と時間を用意して頂いた。その成果は出版構想へのインスピレーションを育み、編著をしている私も驚くほどの、優れた先生方にご参加を頂き、それにより、山田わかという人物へ独創的なアプローチを描くことが可能になった。加えて、本企画の終盤に、ご尽力を頂いた編集部の山田亜紀子様にも感謝を記したい。優れた編集実務の能力のみならず、本テーマへの情熱を感じ、出版に際して不可欠なご調整をして頂いた。

電子化とビジネスへのウェイトが増し、出版社の存立さえもが危ない時代にあって、ほとんど「反時代」的ともいえる志をもって自律し出版を続ける関係者に私は敬意を抱き、本書に限らず一冊でも貴社の関連書籍が人の手に渡るように、祈らずにはいられない。

＊

本出版は、私自身が大学や学術に携わる若き日の終わりの時期と重なり、自らの学術や思索の探求と共にあって、本企画には格別の思いがある。

私は、さまざまな学際領域から教育や思想（原理）に携わってきたが、学術領域への関心は、特にドイツのアウシュビッツ強制収容所の「当事者」であり、ナチズムによる強制収容所の生き残りの作品でもあるビクトール・フランクル著『夜と霧――ドイツ強制収容所の体験記録』(4)に影響を受けてきた。ここには、戦争と暴力、制約された中で、いかに人間が生きてくことに尊厳があるのか、将来への可能性があるのかが劇的に描かれている。

先述のように、山田わかの生涯は、比較的簡易にドラマへの着想が得られる。とりわけ、今日のように「女性の活躍」、国策による「子育てと保育」の増進、「一億総活躍」が叫ばれる時代にあって、世界的に活躍して「愛国女性」の立場からケアの事業へ貢献するわかの活動は、日本女性の立身出世伝として取り上げられやすいであろう。一般的なＮＨＫの朝の連続ドラマのストーリーにあるような、戦前女性の「頑張る女性」、「古き良き時代の女性イメージ」、「日本道徳を身につけた女性」として描かれるような、日本人女性像に比べて、わかの評価は本編に描かれるように、内実が遥かに複雑で深刻、意味深である。別の角度からいえば、私は、山田わかの生き方のような人物こそ、映像、演劇等によりドラマ化して、世間に知られる深い意味があると思っている。

わかは、恵まれない境遇から立身出世を果たす一方で、戦時中に現在では考えられないようなドイツ・ナチズムへの礼賛、我が国の軍事国家・国家主義への扇動と遂行が見られる。現在、世界諸国において、「少子高齢化」、「女性の活躍」、「ケア」の女性役割が急速に変化し、国策から経営戦略、国政選挙に至るまで、幅広く女性のキャリア、子育てや介護等の増進が強調されている。今日において、彼女の生き方が、現在と将来への「教訓」となることを、私は強く念願している。

＊

このような経緯から、山田わかを後世に書物として残すこと、これは確実に価値や可能性のあることであると思いつつ、山田わかへの解釈の仕方や議論の広がりに、強い「危険」も感じ、企画を数年に亘り慎重に練り直しを行ってきた。現在、グローバル化の流れの中で、欧米中心から、東洋、オリエンタルな価値観の比重が増し、日本的な学びが、国際的にも注目が集まっていると思われるが（――本書の執筆時に、イギリスのロンドンにある大英博物館を訪問してエントランスに飾られた日本の葛飾北斎の流麗な作品の写真を見上げながら、そうしたことが思い返された[5]、私は、短絡的で無批判な日本賛美のトレンドに憂慮をもっている。

この点、例えば作家の大江健三郎は、海外による日本研究に対して、ある種の「不満」を鋭く示して、より世界に開かれた思考を示している（例えば、ハンガリーのブダペストにおけるヨーロッパ日本研究総会の講演、「ヨーロッパの日本研究へ[6]」において）。

その講演で大江は「日本研究」が隣接する異分野との交通を成立する手段をもたないことを問題として、「日本人による日本研究の、鎖国的でもなければ」、「他の国の日本研究の補完、分業でもない」、日本賛美におもねらない思考の方途を模索している。そして、「開かれた交流の場に参加すること」を、さらに「人類の文学」に参加してみたいと率直に希望が語られている。

すでに、山田わかの生き方やドラマが演劇として採用されたり、国際的にも採りあげられている状況を考えても、単著として後世へ彼女を描く本書の構想や解釈の重みは大きいと私は考えた。

＊

本書においては、特に第五章において、信頼してきた弓削尚子先生（早稲田大学法学学術院教授／西洋史とジェンダー、ドイツ史）が、わかの解釈を批判的に捉える意義を章全体で論じている。山田わかを批判的に読むことの意義、ドイツ等の戦時国家との結び付き、さらに、わかによる「反人権（反女性の人権）」の問題が記されており、わかの生き方を捉える際に、不可欠の視点として本章が読まれることを願っている。

企画の最初期の段階から、山田わかを対外的に示す際に、わかの戦時国家との関わりは外せないトピックと考えており、信頼している先生にご依頼をすることができ、私は安堵してきた。激務の時間を割いて、本テーマについて有意義な対話をして下さり、ご対応を頂いた弓削先生に衷心より感謝をする。

加えて、できるだけ幅広く山田わかの学びの可能性を拓くためにも、表面的な資料の分析といったものでなく、彼女の心象や解釈、評価の可能性を拓くことを重視して各分野の先生にご参加を頂いた。

この点、特に企画設計の当初から思い出してきたのは、心理学者として名高い、エリク・エリクソンの人物伝・評価のアプローチである。彼は、特に人物の描写をする際に、心理歴史(サイコヒストリー)といった独特のアプローチをしていき、ピューリッツァー賞受賞作品でもある『ガンディーの真理——戦闘的非暴力の起原』(7)を刊行した。これは、原資料中心の史観というより、個人的な人間の形成をリアルに学び、心理的な成長過程や斬新な解釈を、読者が生き方を通して体感、イメージできる心理学的手法が印象的な本である。これが本書の成立にも示唆を与えていった。

*

本書の内容の詳細は、本文に譲るが、冒頭の第一・二章は、彼女の劇的な解釈や評価という観点から、文学者である大友りお教授(日本映画大学教授)にご参加を頂いた。先述のように、山田わかの生涯は、ドラマ化されるなど、映像や演劇等を創造していく可能性が秘められている。しかし、これまで、数少ない研究では、専門性の高い歴史家やジャーナリストのアプローチが多く、文学者や芸術研究者による接近は稀であった。大友教授は、文学者であるだけでなく、とりわけ山田わかの理解に不可欠な国際的な知見が豊かであり、本出版の企画に招聘できたことは実に幸運であった。

この章のモチーフも独創的であり、ノーベル文学賞作家として、世界的に知られているジョージ・バーナード・ショー原作による、映画『マイ・フェア・レディ』の構成を援用しながら鮮やかにわかの生涯を描くという独創的なものである。この映画は、主人公の女性、オードリー・ヘップバーン（映画の中ではイライザ・ドゥーリトル役）として、幅広く知られている。言葉もままならないイライザが、知的な男性をパートナーとして得て、「レディ」へと学び成長していく「シンデレラ・ストーリー」は、のちに、これも世界的な映画である『プリティ・ウーマン』にも連なるような有名な物語である。これを、本章では、単純な成功物語、女性の立身出世ではない、女性の成長、人間と教育における憂鬱（メランコリー）として描いている。本章の題名は、「イライザ・ドゥーリトルの憂鬱」である。

＊

次の第三章は、「女性の商品化と越境――出会いの地アメリカ」であり、これも本書にとって不可欠なものである。もともと、本書はわかの評伝形式の出版として企画された。本章は、その企画趣旨に適ったものといえるだろう。そのうえで、本書は資料に留まらない心象も分析したいとの意図から、信頼している心理学者である、纓坂英子教授（駿河台大学心理学部教授／心理学・社会心理学）にご依頼をした。

纓坂先生とは、これまで数多くの企画をご一緒させて頂き、ご教授を仰いできたが、特に、我が国の心理学系学会で最も歴史のある公益社団法人日本心理学会のシンポジウムにおけるワークショップ企画等を通して、学術交流を重ねてきた。また、その際に纓坂先生に大友先生をご紹介して頂いており、日本心理学会の発表が本書の成立に影響を与えている。

ケアや教育、福祉領域で不可欠でもある「制度・法律」からは、法学者（法哲学・ジェンダー法学）の森脇健介先生に参加のお願いをした。見過ごされがちであるが、先述のように、わかの行動は、戦時国家と結び付くだけでなく、母と子どものケアに関わる法律の制定、運動にまで関わっている。これを第四章では、山田わかが取り組んだ「相談援助」、そして、彼女にとって高い理想で活動の原動力になっていった「人道主義」をモチーフとして描いている。

第四章では、山田わかの一次資料を丹念に調べ、彼女の行った相談援助から法・制度までを思想的に学べる構成となっており貴重である。広い意味でのケアや福祉の教育には、法や制度と共に、相談援助・カウンセリング等の学びが重要度を増す一方であり、第四章はそうした原理的な学びに貢献するであろう。

なお、とりわけ四章の執筆者である森脇先生には、本企画の初期から、数年に亘り一貫して真摯にご支援を頂き、本書の成立に大きな貢献を頂いた。この場をお借りして衷心より感謝を申し上げる。

＊

先述の第五章を経て終章の第六章は、編著者である筆者、望月が執筆をした。わかが尊んだ愛、そして、若き日に傷を負って成長した人道とケア、教育の道が、戦時の国家へ結び付くことを直接的に描く。例えば、わかの目指した道徳の教育が、実は生きる可能性を制限してしまうといった問題を提起している。さらに、彼女の人道的な取り組みが、反人権的なものに連なることなどが示されて、体験的な学びと人権の意義、山田わかを学ぶ教訓が描かれている。

本書の最後には、監修者としてご参加をお願いした能智正博先生（東京大学大学院教授／臨床心理学・質的心理学）に貴重な解説をお寄せ頂いた。本書のテーマの一つには、わかの生き方を通し、人間の教育を探求するというものがあるが、本解説の表題は、「個人の人生の物語から何が読みとれるか」を頂戴した。とりわけ、人間の生き方や心理が織りなす「事例（ケース）」の意義や解釈を一般や学生にも開かれた平易な言葉で論じている。

本書を後世に残す意味でも、こうした人間の生や事例の学びに関わる解説を最後に掲載することができることは望外の幸運であった。私は、あえて、本書を単純な専門家による資料分析の本にするというより、わかの生涯から人生の学びゆくという広がりのあるものとしたく、熟考して最後の解説をご依頼した。能智先生は、平素から障害者の語り、ナラティブ研究等、ケアと教育の分野にも造詣が深く、東京大学内のバリアフリー分野にも関わっており、お忙しい中に参加を頂いたことに衷心より感謝したい。

私は、こうした本書の構成からも、広くケアや教育の学びに貢献する書物となること――、山田わかの人物伝としてだけではなく、学校、高等教育分野の教科書、ケース研究の参考書としても採用できることを祈り出版企画を作っていった。本書が、人間の学びや教育を願う人に届くことを念願している。

●献辞／編著者による謝辞

ここで本書の成立にあたって、さらに関係者に感謝を記したいが、本書成立にあたり、あまりにも数多くの先生方、機関等に関わっており、それを全て列挙していくことは、かえって僭越な気がして恐れ多くも感じる。編著者が個人的に関わる思いつくままに限定して、次に挙げさせて頂きたい。

まず、本書の成立の際に、直接の人選に関わった、早稲田大学総合研究機構・ジェンダー研究所のご関係者にお礼を申し上げたい。特に、初代所長の小林富久子先生（早稲田大学名誉教授）、現所長の村田晶子先生（早稲田大学教授）に謹んでお礼を申し上げたい。この自由な学びの場で、さまざまな学術的な交流を進めることができ、本書にご参加を頂いた弓削先生、森脇先生ともご研究をできる貴重な機会を頂いた。

また、十年来、ご一緒させて頂き、とりわけ学際的な心理学、アカデミックな活動に種々、ご教授を仰いできた織田正美先生（早稲田大学名誉教授／公益社団法人日本心理学会名誉会員・元理事長）、山口正二先生（東京電機大学教授／日本カウンセリング学会常任理事・元理事長）にも格別に感謝を申し上げる。

*

また、執筆や場所等の環境づくりにご尽力を頂いた、小田原短期大学のキャンパスアドバイザー（通信教育部／経営企画室）の寺尾謙先生、また、私の着任先の一つで、多大なご尽力を頂いた、大宮こども専門学校の教務課長の片渕卓也先生にも深く感謝を申し上げる。

筆者は執筆時点で、小田原短期大学の保育学科特任教員もしており、短期大学の兼担業務として、本専門学校に着任して「教育原理」、「教育制度論」を担当させて頂いている。まさに、ケアと教育、保育者の養成、高等教育の「現場」そのものである職場にあって（――将来、子育てとケアを担う将来がある数多くの学生と共に）、実務教育と合わせて、落ち着いた環境で学術活動や思索を深めていくのは並大抵のことではない。激動する学校の現場で、ご功績を積まれている先生方、本書の刊行を見守って頂いた橋本圭介先生（大宮こども専門学校専任講師）に深く感謝する。

そして、この短期大学と専門学校等の数多くの全国系列校を司る学校法人三幸学園の昼間一彦理事長に、謹んで感謝の念を記したい。

加えて、二十年来学生時からの先輩であり、保育者養成の現場、短期大学でご一緒をさせて頂き、本書の刊行を楽しみに待ってくれた柏木恭典先生（千葉経済大学短期大学部こども学科准教授）にもお礼を記したい。加えて、十年来に亘り同校で私の講義で思いを刻んだ「社会福祉」受講のこども学科の学生にもお礼を述べる。

*

さらに記したいのは、日本経営倫理学会・理念哲学部会のご関係の先生方である。特に、筆者の担当である本書の第六章は、同会の推薦を受けて発表した学会報告、続けて学会に提出した研究論文の投稿が初出原稿になっており深く感謝をしたい。

また、本書作成にあたって、大きな貢献があった『山田わか著作集（全六巻）[8]』の編著者であり、そして、山田わかが創立者である児童養護施設・若草寮・社会福祉法人わかくさ会の元理事長でもある林千代先生に深く感謝をする。また、快く施設で迎え入れて懇談をさせて頂き、加えて、現場の施設で真摯に子どもたちと向き合う環境をご教示して下さった施設長の大森信也先生に感謝を記したい。

*

最後に、私が大学、学術領域で活動を継続するより所となってきた、東京大学教授（先端科学技術研究センター）である福島智先生に感謝を申し上げる。

福島先生は、あのアメリカのヘレンケラーと同じ、盲ろう障害の「当事者」である。つまり、光と音を失い、教育、学術、そして、社会福祉の活動を続け、とりわけ東京大学においては、学際的なバリアフリーをリードしてきた。私は、ここの末席で十年ほど研究員として所属、継続させて頂き、主に対外的な協力研究や交流を進めてきたが、当事者の学び、ダイナミックで幅広い活動など、さまざまな点で影響を受けてきた。

とりわけ、私は、福島先生の東京大学の入学者祝辞（平成十九年度入学式祝辞）を、繰り返し読んで影響やインスピレーションを得てきた。おそらく、私の知る限りこの文章は（——大学をフィールドとして、「挑戦と冒険」をしていくことを壮麗に謳いあげたもの）、東京大学の開学以来、最良の公的テキストの一つと思われる。私は、かすかでもそのような、自由な学びや冒険に触れてみたいと願ってきた。

山田わかは、自らの理想として「愛」を尊び、愛の力を次のように讃えている。

愛は全世界を溶かし、全世界を造り変える力をもっている。
愛は我々の精神的太陽である。(10)

本書が、山田わかの生涯にある、愛と希望に生きていくことの可能性と危険について、学びゆくものになることを願っている。

注

（1）山崎朋子『あめゆきさんの歌――山田わかの数奇なる生涯』文藝春秋、一九七八年。

（2）今井小の実『社会福祉思想としての母性保護論争――〝差異〟をめぐる運動史』ドメス出版、二〇〇五年。

（3）TBS長編大作ドラマ「あめゆきさん」、ディレクター・監督：今野勉、原作：山崎朋子、出演：三田佳子、秋吉久美子、山田五十鈴、松田優作ほか、一九七九年。

（4）ビクトール・フランクル著、霜山徳爾（翻訳）『夜と霧――ドイツ強制収容所の体験記録』みすず書房、一九八五年。

（5）Hokusai: Beyond the Great Wave at the British Museum, London, 25 May - 13 August. (cf. http://www.britishmuseum.org/whats_on/exhibitions/hokusai.aspx /[2017-08-30])

（6）大江健三郎「「ヨーロッパの日本研究へ」『鎖国してはならない』講談社、二〇〇一年、二九〜三八頁。

（7）エリク・エリクソン著、星野美賀子（翻訳）『ガンディーの真理――戦闘的非暴力の起原』みすず書房、二〇〇二年。

（8）山田わか（林千代編・解題）『山田わか著作集（全六巻）』学術出版社、二〇〇七年。

（9）福島智「式辞・告辞集・平成一九年度入学式（学部）祝辞」(cf. http://www.u-tokyo.ac.jp/gen01/b_message19_03_j.html/[2017-08-30])

（10）山田わか（林千代編・解題）『山田わか著作集第一巻――女、人、母』学術出版社、二〇〇七年、五頁。

第一章　イライザ・ドゥーリトルの憂鬱（一）

大友りお

一「ハッピー・エンディング」という祝祭

淡いピンク色のシフォンのドレスにお揃いのつば広帽子と日傘。その柔らかさの中心にあって深い湖のように見るものを惹き付けるオードリー・ヘップバーンの瞳のクロース・アップは、ミュージカル映画『マイ・フェア・レディ』（監督ジョージ・キューカー、一九六四年）の最も映画的な瞬間だといえる。この時点ではまだ、貧しい出自の若い女性イライザ・ドゥーリトルが、知性と自信に満ちたヒギンズ教授と対等な人間関係をもち得るまでには至っていない。むしろ、今まさにその困難な航海に立ち向かおうとする彼女の緊張感こそが観客を魅了している。物語は、イライザが教育を通して自己を確立していく過程を描き、ビルドゥングスロマン（教養小説）と呼ばれるジャンル特有の分かりやすさをもっていると同時に、階級制度のぶれが表現される点が時代を超えて共感を呼ぶ。アラン・ジェイ・ラーナーによるミュージカルの脚本は現在でも英語圏で広く教育テキストとして使用されている。まさに、経済格差と性差が存在する社会であれば、時代や東西を問わず成立する物語である。ヒギンズ教授は、言語学の実験材料としてイライザを選び、彼女の教育を通して自分の研究の正当性を明らかにしようとこれに着手する。しかし実験の成功は、とりもなおさずイライザが個としての独立を遂げることを意味し、そのとき彼は自分が仕掛けた罠に足を取られて、彼女に恋に落ちる。のちにリチャード・ギアとジュリア・ロバーツの『プリティ・ウーマン』（監督ギャリー・マーシャル、一九九〇年）でも繰り返される、すでにおなじみのこのプロットは、あたかも既存の格差を壊し、力関係を反転させたかのような印象を与えながら、最後にそれを再構築してしまうという保守性を内包している。なぜなら、権力のある男性が非力な女性に、逆に額づいて求婚するハッピー・エンディングは、いったん自意識に目覚め、精神的な独立を獲得した女性を、結婚制度という法の内部に囲い込むことになるからだ。物語は、一方で社会の周縁に置かれた者の勝利に見えながら、他方で既存の制度《システム》を強化するような円環を構成している。それが、女性だけでなく男性も、周縁者だけでなく中心にいる者も、同様に解放されない閉じた物語となっている点に私たちは気付いておくべきだろう。

アラン・ジェイ・ラーナー著『マイ・フェア・レディ』（ペンギンリーダーズ）

　ミュージカル映画の観客は、歌と映像の華やかさに圧倒されて独自の思考を止める。さながら祭の空間に入り込んだようなめまいを覚えるからだ。一般的に、祭の空間では既成の権力のバランスが崩れ、日常の秩序がいったん破壊される。しかし、その非日常の時間が終わると秩序は再び回復され、権力のシステムは一層強化される。それは、日常空間で蓄積されてきた圧力の測定値が、祭という安全弁を開くことによっていったんゼロに戻る仕組みだといえる。映画『マイ・フェア・レディ』はそのような祭の空間を提供するがゆえに、観客に独自の思考を促すことはない。

この「祝祭の空間」が芸術表現の中にもあるとし、それを「カーニバレスク」と呼んで肯定的に捉えた理論家がいる。ロシア・フォルマリズムの思想家ミハイル・バフチンは、ドストエフスキーの小説を例にとり、その重層的で対話的な語り方が、カーニバレスクだと指摘している。(1)彼は、ある種の物語に存在するカーニバレスクな語りは、相反する多様な価値観を内包しており、それが聞く側に独自の思考を促すことに意義を見出す。つまり、カーニバレスクな芸術表現は、それに触れた者が、祭の後に同じ状態に戻るのではなく、それまで「当たり前のこと」として受容した既存のルールを問う力をもたらすとするのである。そしてここで、『マイ・フェア・レディ』のオリジナルの戯曲にはバフチンのいうカーニバレスクな語りが存在していたことに思い当たる。『マイ・フェア・レディ』がミュージカル映画として、アメリカ的なユートピア言説である「出世物語」を踏襲するとき、オリジナルの戯曲『ピグマリオン』(作ジョージ・バーナード・ショー、一九一二年)に綿密に練りこまれた英国の階級社会批判と女性解放思想が骨抜きにされてしまう。それを一般的に「ハリウッド化」と呼んでもよいだろう。政治的なメッセージが骨抜きにされたハリウッド映画は、逆に既存の制度の潤滑油として、管理する側の有効なツールとなってしまうことは明らかである。アイルランド出身で、英国で活躍した多くの文人がそうであるように、バーナード・ショーは社会制度の改革に情熱を燃やした思想家である。元来、ピグマリオンとは、紀元前のギリシャの詩に登場するキュプロスの彫刻家の名で、彼は自分が彫った女性の彫像に恋をした。それは、理想の女性を創造し、所有したいという男性の欲望のアイロニーとして読まれるべき物語であった。ショーはこれに性差と階級差の背景を仕立てて、英国社会の問題点を明らかにし、観客に思考を促すことを意図してこの戯曲を書いている。また彼はノルウェーの戯曲家イプセンが築いたリアリズムの演劇を信奉していたから、世界中で女性解放運動に火を付けた『人形の家』の主人公ノラの「新しい女」としての出発とイライザの変身を、頭の中で重ねていたに違いない。『人形の家』の初演(デンマーク)は一八七九年。以来多くの言語に翻訳され、一八八〇年代を通して英国、米国、オーストラリアなどの英語圏でも広く上演され大きな反響を呼んだ。

ショーの『ピグマリオン』がロンドンで初めて上演されたのは一九一三年、彼が五十七歳のときである。奇しくもそれは大正二年、私たちがこれから読み進める物語の主人公「山田わか」が、三十四歳でかの『青鞜』(2)に初めて翻訳文を掲載できた年であり、彼女の変身を記したときと一致している。当時、夫の山田嘉吉《かきち》は四十八歳。その七年前の一九〇六年、サンフランシスコ大地震(四月)を経験した二人は、まもなく日本への帰国を決行した。わかにとっては九年ぶり、嘉吉にとっては実に二十一年ぶりの日本であった。帰国後、嘉吉は東京に居を構え、英語、ドイツ語、フランス語、スペイン語と複数の言語を教えて二人の生計を立てた。ここに、知性溢れる夫が若い無教養な妻を教育し、社会評論家、活動家に育てようとする、ショーの『ピグマリオン』を体現したような日本人男女がいたことは実に興味深い。わかの著作を開くと、次の献辞がまず目に飛び込んでくる。

私は此の書を夫に献じます。文明生活に無くてならぬ文字を殆ど其の最初から彼は私に教へました。以来約二十年一日の如く彼は私の蒙を啓く事につとめて参りました。もし、私の仕事にいくらかでも価値があるならば、それは皆、彼の努力の結果であると私は信じて居ります。

『女、人、母』[3]（一九一九年）

一世紀を経た今、山田わかの著作を読むと、議論の周到さに感服すると同時に、その立ち位置の保守性に息を呑む。わかがこの献辞を書いたとき、夫の嘉吉はまだ存命である。つまり、この献辞は彼女が夫に読んでもらうことを念頭に書いた一文なのだ。論考が説得力のある、自信に満ちた文体で書かれているのに対して、その論の展開の前提として、自分が夫の創作物であり、自分の語る言葉は彼の言葉であるとここに表明していることを、いったいどう理解すればよいのだろう。私はこれから百年の時間を飛び超え、想像力を最大限に引き伸ばしてこれを問うところから、山田わかとの対話を始めたいと思う。

ちなみに『人形の家』の日本初公演は一九一一年（明治四四）年。「新しい女」の象徴のような新劇俳優・松井須磨子がノラ役を演じ、婦人団体がこぞって観劇にきたが、ノラが婚家を出るエンディングに共鳴した女性は思いの外少なかったようだ。ノラと須磨子とわか、この三人の女性たちの物語は、彼女たちが、若くして十歳以上年上の男性と、師と弟子、あるいは父と娘のような関わりをもつことから始まっている。子どもを置いて家を出るノラ（新しい女）と、自然主義文学運動の旗手、島村抱月の後を追って自死を遂げる須磨子（古い女）と、そのどちらよりも「賢明な」母としての道があることを確信し、結婚という「ハッピー・エンディング」の祝祭を生き続けようとするわか。彼女たちをどのような線で繋げばよいのだろうか。[4] その線を繋ぐことができれば、女性たちの「今」がより鮮明に見えてくるような気がする。

第一章と第二章では、私の研究分野である「物語がいかに語られているか」に注目するナラティブ研究という立場から山田わかを読んでいく。そして、彼女が伝える理想の女性像が図らずも構成してしまう外部について、いくつかの視点から問題を提起しようと考えている。山田わかは、獅子奮迅の勢いで時代の知を吸収し、自分なりのユートピアの設計図にたどり着いた人である。しかし、そのユートピアはくっきりとした境界線で囲まれた清潔な空間で、人はその中で自己の身体を検閲し、欲望を抑圧し、適合するための努力を続けなければならない。人びとの日常がルールによって完璧に統制された社会のヴィジョンである。そのことを踏まえて、私は後の章で展開される、より焦点の定まったディスカッションに向けて、読者の思考の歯車を回し始める役割を担えれば幸いである。

二　「変身」というロマンティシズム

英国には、先に挙げたショーの『ピグマリオン』を書き換えた戯曲に *Educating Rita*［リタを教育して］（作ウィリー・ラッセル、一九八〇年）という題の二人芝居がある。この作品は今世紀に入ってもなお上演され続けて高い評価を得ている作品だ。若い美容師リタが、教養を身に付けて自分を向上させる決心をし、オープンカレッジで文学を学び始める。酒に浸る中年教授フランクは、次第に「リタを教育する」ことに夢中になるが、間もなく観客の眼にはそれが逆に映り始める。大学、そして文学研究という社会のルールの外の、ある種閉ざされた世界に生きてきたフランクを、現実社会の生活者であるリタが教育しているかのように見え始めるのだ。この作品は一九八三年にルイス・ギルバートによる演出で映画化され、ジュリー・ウォルターズ、マイケル・ケイン主演でゴールデン・グローブ賞を初め多くの賞をさらった。日本で未公開だったこの映画は、コメディーの体裁をとりつつ、「インテリ層」の価値観を問い質し、英国に根強く残る階級格差を批評的に描くことに成功している。戯曲も映画も結婚というハッピー・エンディングを選択しておらず、リタはその流動性と可塑性に富む生き方でフランクを魅了しはするが、彼女の容姿の美しさについて言及されることはない。その点で、この作品はここに挙げた四作品の中で最もフェミニストのまなざしを踏襲した物語だといえる。リタの「変身」は階級の上昇という形で実現するのでなく、文学を学び、知を獲得することで彼女が自己を確立して完成する。リタの「変身」はフランクにとって他者との出会いの体験であり、自分を外に向けて開いていくという彼自身の「変身」であることを暗示して物語は終わる。

それでは、ここでいう変身（transformation）すなわち「人が別の姿《ようす》になること」が、山田わかの物語ではどういう意味をもつか考えてみよう。山崎朋子著『あめゆきさんの歌』[5]（一九七八年）には、一八七九（明治十二）年生まれの浅葉わか（旧姓）が、神奈川県久里浜村（現在の横須賀市）に広がる田園風景の中で、裸で遊ぶ自由闊達な幼少期を送るようすが描かれている。父の意志によって勉学の道は早くに閉ざされ、子守や家事の手伝いの後に十六歳にして、父の決めた婚姻へと進む。これは当時、ごく一般的な、そしてどちらかというと恵まれた女性の人生であったはずである。外に働きに出る必要がなく、家で家事手伝いをすることは、結婚生活への準備に集中する女性の家内学習であり、それを与えることができる家が父の誇りであるという社会のあり方は、明治、大正、昭和を通して途絶えずに続いている。もし今世紀の日本社会にその感覚が残っていないとすれば、それはバブル後の経済様相が関わっているのであって、家族内の権力構造が、奇妙に外から壊されている状況と見るほうが当たっているだろう。わかが、敷かれた線路を走る列車のように父の意向に添って結婚まで進むことは、社会が認める「よい人間」であろうとする彼女の意志の表れであり、その後に長兄の経済破綻を救おうと、婚家を出て横浜に仕事を探しに繰り出すことも、そして十八歳で米国へ出稼ぎに行く決心をすることも、みな「社会的な人間」としての彼女の意志決定なのである。女衒《ぜげん》に騙された自分が「無知」であったと彼女は自分の過去を振り返るのだが、それは自分の意志を決めるための知が欠如していたのではなく、むしろ「社会的な人間」の理想を追う彼女の意志が初めに存在していたことの顕著な事象であると見るべきだ。ところがそう考えると、人が別の姿《ようす》になる「変身」というロマンティックな物語をわかに当てはめること自体が問題になる。

しかし、ここで忘れてならないのは、後世の大衆メディア、ことに女性誌が山田わかを語る時に決まって用いた「変身」という言説（ものの見方、語り方）は、先に挙げた献辞に見る限り、わか自身も積極的に加担した物語だという点である。「苦界からの再生」（『MINE』一九八九年、四月号）「娼婦から自立へ〜地獄から甦った女」（『週間女性』一九九三年、十月号）などと大衆誌特有の煽り立てる部分を差し引いても、変身の物語自体は動かない。どの記事も、『あめゆきさんの歌』をもとに再構成したことが明らかであるにもかかわらず、著者の存在を消して語られており、それによってわかの物語が神話化される効果を生んでいる。山崎が、足を使って集めた資料をもとに、熟練したセルフ・ドキュメントの手法で浮かび上がらせたわかの人生の一面が、これらの記事では娼婦から淑女へ、そして慈母へと変身するヒーロー伝説として語られる。それは叙事詩《エピック》の語りと同様のもので、主人公の運命が予め示されているため物語のすべての要素が一つの軌道に乗って終点へ向かう、壮大に見えて実は非常にシンプルな、分かりやすい物語なのだ。

わかの変身は無知から知へ、そしてその知の社会還元へ、と語られるが、娼婦＝無知という起点がなければ、この変身物語は成立しない。いい換えると、わかが「無知無恥」と表現したような女性が最初に存在したと仮定することによってのみ成立するロマンであることを、ここで留意しておく。

そして先に述べたように、そのロマンティックな語られ方は、わか本人が望んだことのように見えるのだ。では、山田嘉吉もそれを望んだのだろうか。彼は、「第一の私の望みは、婦人言論界の第一線に私の妻を立たせることであった」(『婦人と新社会』第一一四号、昭和四年九月)と語っている。しかし、評論家として成功させたいと願うことは、必ずしも「変身」を謳うことにはならない。つまり、わかのフェミニズムの、そして母性主義の原点が彼女のシアトルの娼館での経験にあるとしたら、それは重要な物語の起点なのだが、嘉吉はわかの物語にそれが導入されることを避けていたと、山崎が『あめゆきさんの歌』の中で市川房枝のインタビューを通して伝えている。「わたしは構わないんだけれど、お父さんが厭がるから、わたしは誰にも話さないのよ」(山崎、三五頁)。山田わかが平塚らいてうにこう打ち明けたとき、彼女はすでに四十歳。娼館時代は十五年も前のことである。嘉吉が、わかの知的資源であっただけでなく、手腕を振るうプロデューサーであったと仮定すると、彼女の原点が公になるタイミングを計っていたと想像することもできる。一九二〇年『婦人と新社会』の刊行にあたって、彼は次のように述べている。

今まで、妻も方々の雑誌へは寄稿もしましたが、要するに断片的で、何もかも山田わかがさらけ出したわけじゃないです。そして社会の批判を俟つ。山田わかはこういう人間でございます。ということを世に認めさせる。まあ、それが第一歩ですな。それから始めて、社会的な事業なり運動なりを社会から委せて貰う。そこで始めて責任も負えるわけです。(「婦人会」インタビューより)(6)

もちろん、ここではわかの思想と人となりについて述べられているわけだが、それと同時に、「山田わかはこういう人間でございます」と「何もかも〜さらけ出す」ことを、嘉吉がわかに指導していたことを示してもいる。もちろん、嘉吉がわかに求めた「変身」の本質を明確に知ることはできないにしても、そこにあるプロデュースする者とされる者との力関係は、わかが主張する男女の関わり方や家庭のあり方に深く関与していると考えるべきだ。

若い女性を教育して自分の理想の女性像を具現しようと望むことを、ここで「父の欲望」と名付けてみる。人が何か(誰か)を欲望するとき、その対象はかけがえのない唯一の存在だと感じるが、欲望の構造について研究したフランスの精神分析学者ジャック・ラカンは、そうではないと言う。ラカンが「対象a」と名付けて表現した欲望の対象物は、欲望する主体が感じる欠如を表す記号である。つまりそれは欠如であるがゆえに空っぽで、空っぽであるがゆえに入れ替え可能なポジションなのである。対象aは欲望を発動するきっかけとはなるが、その中身自体が意味をもつわけではないとラカンは結論する。(7)「父の欲望」も同じ構造をもち、ピグマリオンの詩で表現されたように、彼は作業の過程において最も喜びを見出し、完了すると同時に対象物を失ってしまうというアイロニーの構図を呈する。人を創るという行為には、神のような視点を獲得し、自分の正当性を確信する心地よさが伴うが、その作業は永遠に続くものではなく、創られる側が行為の全貌を見渡せる地点に達した時点で終わりを迎える。そのとき、創られるべき対象はもうそこには存在しない。つまり「父の欲望」は、ブーメランのように出発点に回帰する軌跡をもつもので、別の地点に到着するために必要な、他者との出会いがそこには想定されていないのである。そしてその過程で「父」が自己の主体性が脅かされるような他者の存在を「娘」の中に発見することも想定されていない。

五十歳半ばで嘉吉を看取ったわかは、「三十有余年の二人の生活を通して、知力的に、経済的には、何時も彼は私の父であり、精神的には、私が彼の母でありました」と語っている(「天国に良人を待たせて」より)(8)。そうすると、彼女の変身は、娘から母になる物語《ロマン》として語ることもできるわけだが、しかしそれは父の不在の場所でのみ可能になる物語《ロマン》であろう。次にこのことをもう少し掘り下げて考えてみる。

三　「教育」という物語の読み方

これまでに挙げた一連の「女性の変身」の物語が「父の欲望」の物語として語られるとき、私たち観客は父に寄り添ってその無教養な娘を愛し、彼女の変身を、喜びをもって見つめるのであるが、変身が完成する時点で物語が終わることも実は承知している。さらに結婚というハッピー・エンディングは、単に物語の終わりを告げる祝祭として置かれているに過ぎないことも、大人の観客は重々承知している。しかし同時に、この疑わしいハッピー・エンディングにアイロニーを読むことができない観客も多く存在しているのだ。例えば『プリティ・ウーマン』が想定する観客は、シンプルな分かりやすい物語に満足する人びと、中でも人生経験の浅い若い女性たちである。この映画は日本でも大ヒットし、ロートン原作の翻訳が光文社より刊行されている。この物語では、ジュリア・ロバーツ演じる無教養で美しい売春婦が、リチャード・ギア演じる金もちで魅力的な中年の独身男性に出会い、彼の妻として遜色のない貴婦人に変身する。アメリカン・ドリームの変奏曲である。観客は、変身する女性に自分を重

J·F· ロートン著、清野原生訳
『プリティ・ウーマン』（光文社）

ね、表層的な力の関係の変化を繰り返し楽しむことができる、いわば遊びの空間がそこに生まれる。元来「父の欲望」の物語であったものを「娘」のそれに転換し、自己のエージェンシー（個としての存在能力）を獲得し、別の地点に着地する軌跡を観客は仮想するのである。しかし、そのたどり着いた場所は、結婚という法制度に保証されているがゆえにある程度の自由が約束されているという、ある種の契約の中にある。いい換えると、「娘」の獲得したものが二流の市民権に過ぎないことをこの映画は隠蔽している。

ここに描かれたプロスティチュートの生活が「綺麗事」過ぎるという批判が、四半世紀たった今でも時折話題にされるのは、一つには売春を強要される女性たちが今も存在しているからであるが、同時に、シンデレラ的な変身の物語を夢見る少女たちにとってこの映画が意味をもち続けていることを危惧する大人の女性たちがいるからだ(9)。十八歳からの数年間をシアトルの娼館で過ごした経験をもつ山田わかがもしこの映画を見たとしたら、いったいどんな感想をもつだろうか。

この問いに答えることは意外に難しい。なぜなら、わかが書く論評の多くが教条的で、社会の周縁にいる女性たちに寄り添った言葉というより、語り手である自分のパフォーマンスのほうに焦点があるからだ。もちろん、わかの同世代では読み書きのできない女性は少なくなかったから、出版物そのものが周縁を排除する存在であったことは否めず、高等教育を受けていないわかは、知的な語り手を演じることでのみ読者層に受け入れられると感じたであろうことは容易に想像できる。二十世紀初頭の日本は、男子の識字率が五割であった明治三十二年から、十年後に八割へと急速に向上し、小学校卒業程度のリテラシーに関しては階層格差も減少を見せ始める。常に大きく出遅れていた女子の識字率もその時期急速に高まり、女性用の雑誌が創刊されるに至るのだが、その読者数の増加には目を見張る。より庶民的な婦人雑誌であった『主婦之友』の発行部数は一九一七年創刊当時一万部〜三万部であったものが、十年後には十八万部、その後は百万部を超えるまでになる。[10] わかが主婦之友社と連帯を深めるのは一九三四年以降、すでに五十代の自信に満ちた名士となってからであるから、一般下層の女性たちがわかの初期の文章をどの程度目にしていたかは定かでない。それにしても、わかの言葉が身の上相談など直接語りかける場合を除いては、概して彼女たちに厳しいことに驚かされる。[11] ことに売春に関わる事柄について述べるときの彼女の筆は、その当事者からすっと身をかわして鳥瞰する立場をとり、そして畳み掛けるように、同情を見せない鋼鉄の言葉を紡ぐ。

　例えば、母性保護を唱える初期の文面で、「淫売婦は、未来の種族のために神聖視すべき性の作用を売物にする。女権主義者が母性を軽視することは、種族の立場からは売淫だ」と感情的に映ることを恐れず論じている。[12] また、国家による母子への経済支援を主張するにあたって、私生児の母もそれから除外すべきではないと言うものの、その理由は、「一旦《いったん》、堕落した女でも、これによって、正当な道へもどれる」からだと表現している。[13] この表現は、「一旦、堕落した」プリティ・ウーマンが、上流階級の作法を学び、その世界に受け入れられる女性になったことを私たちに想い起こさせる。もちろん、山田わかが推奨するのは上流階級の作法や服装といった表面的変身ではなく、「母」となるための精神的変身なのであるから、その点でこの映画が彼女にとって落第であることは確かだろう。しかし、彼女の意図するこの「母」は、華美を避け、弱さを見せない完全無欠の精神をもち、それゆえ、均一で顔のない存在である。プリティ・ウーマンのほうがよほど人間的で存在感があることに、彼女が気付くことはない。

先に挙げた「プリティ・ウーマン批判」に対して、二〇一五年、売春を仕事として選択している若い女性たちが、急遽反撃に出るという事態が起こった[14]。近年、自由主義思想を推進する国々では、彼女たちをセックスワーカーと呼び、合法的な労働活動の従事者として認め、その労働環境と健康を保護する傾向にある。反撃に出た女性たちはブログに自分の写真を掲載し、国際的な人身売買組織によって売春を強制されている女性たちと、自分たちの間に一線を画すことを主張したのだ[15]。売春婦という言葉のもつ集合的なイメージに自分の顔を付することで、個の存在をアピールする。彼女たちは、自分の身体の経済価値を知っており、買い手の欲望のあり方にも詳しい。そして何より、将来子どもを産み母になることも視野に入れている点で、山田わかの時代には想像できなかった一つの生き方の選択をしている。ソーシャル・ネットワークを通して自分の顔を掲載するという行為は、彼女たちがある日別の仕事に移行することに戸惑いを見せない社会を仮想しており、同時に、そういう社会を要求する主張でもある。女性を娼婦と淑女の二種類に分断する社会、その境界のぶれに戸惑う社会に対しての挑戦状である。そこでは、変身が安直なロマンティシズムとして予め否定されていることに留意しよう。彼女たちがある日、思い立って母になり子を育てる決意をしたとき、それは変身の物語としては語られない。変身ではない新たな物語をそこで可能にするのは、処女性に価値を置いた父権制の偽善が見破られた社会でなければならないし、愛の対象物を自分の好みどおりに創るという「父の欲望」の権力を拒否する娘たちが母となった社会である。

権力は、人が無知であり続けることを奨励する。セックスワーカーであることを卑下してはいないと公表した女性たちは、男性の欲望についてより多くの知識をもち、自分の身体の経済価値を熟知している。それは、父権的な婚姻制度の中で女性に不必要とされてきた知であったが、市場経済に消費者として参加し、そのメカニズムを学ぶことで身に付けた新たな知に他ならない。自分ができる労働の中で、最も効率よく利益をあげることができるのは自分の身体で、それは使用期限付きの商品だと気付く。プリティ・ウーマンは、その意味で初めからある種「賢い」女性として存在している。そうであれば、ピグマリオン的な一連の物語を検証する際に、わかがいう「無知無恥な女性」の存在という前提条件は疑わしい。あらためて考えてみると、いったいどこに、どの時代に、自分を変えようとする男性の「愛」が彼自身の欲望に支えられていることに無知な女性がいるだろうか。むしろ、女性自身が進んでその愛の前戯としての「教育」に意図的に参入している場合もあり得るのである。そしてそこで生まれる二者間の関係は、極めて私的な領域で行われる力関係の操作に過ぎず、そこには新しい視点を提供することのない、保守的な物語を繰り返していくロマンティシズムの典型的な構造があるに過ぎない。

わかは、身体が不自由になった嘉吉の晩年が、「自分の創りあげた妻なる私の頭から何が生まれて来るか」を楽しみに待つ日々であったと言い、できた原稿を毎回彼に読み聞かせていたことを伝えている（香内信子「解説」、山田わか『女・人・母』、一〇頁）。わかが嘉吉の作品であり、彼の情熱が最後まで「教育」にあったことが目に見えるようだ。しかし、それを微笑ましい夫婦愛として語り終えるには違和感が残る。

嘉吉の情熱を目の当たりにすると、「教育」という普遍的な行為の心理的欲動はどこにあるのかと改めて考えさせられる。子どもを育てるときに図らずも湧き上がる「この人間をこういう風に作りたい」という欲求は、いったいどこから来るのだろうか。それが「少なくともこういう風には作りたくない」という一歩引いた欲求であったとしても。例えば、親が子どもに自分を投影させ、自分の満ち足りない生を分身である子どもを通して生き直したいという想いは、程度の差こそあれ一般的な感情だろう。教育の名を借りながら、実は目的が自分自身に回帰している自己達成の行為だと穿ってみることもできるわけだ。そこでは、愛というあいまいな言葉でごまかして、誰もがその本質をあえて見ないようにしている。

「教育」という行為自体が、変身と同様のロマンティシズムの構造をもつ物語であることはあまり語られてこなかった。近代の言説の中で登場する「教育」という概念は、「子ども」や「社会」と同じように近代国家形成のキーワードとして新たに意味を与えられ固定された。「父の欲望」と「教育という行為」が、まったく異なるものではないかもしれないと疑うとき、近代国家の権力が市民を囲い込むために語る「子ども」「社会」「教育」そして「母性」をめぐる物語を私たちは容易になぞってはならない。山田わかをめぐるテクストは、その点を明確にするうえでも重要な歴史素材を提供している。

四 「国家」へ向かう物語の構造

海妻径子《かいづまけいこ》の優れた論文に、山田わかの描く「父性」に焦点を当てて論じたものがある。(16) 父としての義務が最優先されるわかの男性像では、自分の家族という「私的なものへの愛惜」を強くもつがゆえに、男性は自己実現を望むことなく労働に勤しむことになる。海妻が指摘するこの点は重要である。わかの描く性別役割分業を遂行すると、女性は優れた社会の一員を育てるという天職に自己実現を見出し、男性はそれを可能にするための経済的な環境作りを一人で担う。雇用労働に臨む男性は、自己の欲望を犠牲にすることでマスキュリニティ（男らしさの価値）やヒロイズムを獲得することになるから、それがいわゆるチャップリンの『モダン・タイムズ』（一九三六年）的な疎外された労働の場であればあるほど、達成感をもつことになるだろう。海妻が論じるように、そのような「父」はすべての問題を内面化し、自分の心理的な問題として対応するため、資本家に対して団結して労働者の権利を主張するような、個を離れたダイナミックな運動を始めることはない。また、わかが唱える「利他主義」を実行する資本家が存在し、国家を家、国民を家族と考えるような社会があるとすれば、それは全体主義的な統制のもとでしか機能しない。「利他主義は愛国主義であり、愛国主義は国民化した利他主義である」とわかはいう。国家を「私」の肥大化したものと見なして境界線を引き、それによって外部を構築するナショナリズムへ向かうのである。それは海妻がいう「私的なものへの愛惜」に執着した思考であって、「利他主義」の「他」には、国家という境界線の外にいる他者は含まれない。

一方でわかは、社会改革を言葉で唱えるだけでなく、むしろ実践の人であった。わかは、嘉吉と築いた家庭をオープン・ハウスにし、出会ったばかりの他人ですら家族として受け入れ、無期限に滞在させたという。[17]『あめゆきさんの歌』では、そのようすが「限りなき『母性』の人」というタイトルのもとに描かれているが、別の見方をすると、その家では皆が労働参加し、慎ましい食事を平等に分配して食するという、まるで共産主義が提唱したコンミューンのような共同体が築かれていたことになる。わかと嘉吉は、自分たちのプライバシーが損なわれるリスクも厭わずに他者を受け入れているのである。それでも二人が共産主義へと向かわないのは、どうしてなのか。そこには、彼らのそれまでの人生の体験と、その時代の思想が関わっていたはずだ。そして、彼女の思考回路は、「社会」を複雑な関係性の網、いい換えれば、複雑な物語として捉えることを嫌う。反して、直線で描かれた国家と家族、さらにその源にある民族の血縁的繋がりというシンプルで分かりやすい物語に、わかはぐいぐいと惹かれてゆく。その志向は、わかが「よい社会的人間」になろうという意志をもっていたこととともに、彼女の生きた時代を席捲した近代化の思想勢力が少なからず関わっていたに違いない。その点についてもう少し詳しく見てみよう。

日露戦争後の日本は、近代的な産業デモクラシーの時代に突入する。フレデリック・テイラーが米国で提唱した「科学的管理法」（テイラー・システム）は、労働と品質を管理し、より早く、より多く、よりよい製品を製造することに重点を置く。二十世紀初頭、急速に世界中に広がったこのテイラー主義は、実証的な方法論であると同時に、その時代を牽引する思想でもあった。物事を分類し、名前を付け、それぞれの箱の中に閉じ込めることで、清潔で安全な世界を人工的に創り出し、それを効率よく管理する。その点で、テイラー主義はまさに近代性の定義を模した思想なのだ。近代という時代の欲望は、分類できないものを排除し、世界が管理可能なものと見なすところから出発している。山田わかが生きた時代は、そうした欲望がグローバルなスケールで共有され、しかも人びとがそれを実現可能だと思い始めていた時代である。

テイラー主義の洗礼を受けた日本資本主義は、職人から工場労働者へと、より早くより多く生産する、効率性を重視した生産体制へと移行していく。それは女子の就労も促し、かつてわかが、実家の経済を立て直すことを一途に胸に秘めて、米国への出稼ぎを決行したように、農家の十代半ばの娘たちは家族の経済援助のために都市に出て、繊維工場の女子工員となって、単調で不健康な労働環境に甘んじた。それが昭和恐慌のような経済不振に陥ると、最初に失職するのは彼女たちで、身売りの他に手立てがないような現実があったことをわかは十分に承知している。(18) にもかかわらず、彼女たちを搾取するシステムを改革しようとする労働運動を「結果に手当てするのみで、根本を見逃している」行為だと、わかは言い切る[19]。そして、彼女たちの本来の仕事は工場労働ではなく、家庭内において人間改革をすることだと主張するわかの発想の源には、おそらく、完璧に制御された、清潔で高邁な近代的ユートピアのイメージがあったはずだ。

興味深いことに、この制御された、清潔で高邁な近代的ユートピアは、一方で共産主義が掲げた理想社会とも重なっている。その点で、マルクス主義は近代性を反映したグローバルな動きであったことを忘れてはならない。しかし、わかはそちらには向かおうとしなかった。先に挙げた論文で海妻はその理由を、わかと嘉吉の移民労働者としての米国での体験に帰している。自国の労働者たちの団結が実現すると、それは低賃金で雇用される移民労働者の排斥に繋がる。移民を含めた労働者全体を繋ぐ連帯は起こりようがない。労働組合運動は、移民労働者であったわかや嘉吉にとっては、むしろ、底辺の労働者をさらに苦しめるような特権的で利己的な政治活動だったわけだ[20]。

一八三〇年代に英国で始まった労働組合運動《チャーティズム》は、「一日八時間の労働、八時間のリクリエーション、八時間の休息」を目標に掲げた長期にわたる労働者の闘争であった。それが最初に実現したのは、英国領オーストラリアのメルボルンである。近郊バララット市のゴールド・ラッシュに支えられた建築ブームの中で、石工たちによる八時間労働の要求が法律で認められたのは一八五六年五月、メーデーである。それを皮切りに世界中で同様の法律が制定されることになるが、八時間労働の条例化の恩恵を受けたのが、限られた労働者たちであったことはどこも同じである。当時のメルボルンには、全体の四分の一を占める一万人を超える中国人鉱山労働者がいたが、彼らはその恩恵を受けていない。英国人家庭で子守や女中をしていたドイツ人やイタリア人の若い女性たちは、休日はおろか、必要であれば夜中にも働くことを要求されていたことが、彼女たちの日記に記されている。

一八九七年、まだ十代のわかが「出稼ぎ」のために渡米してたどり着いたのはシアトルである。その前年に近郊のクロンダイク（カナダ）で金が発見され、シアトルはメルボルンと同じようにゴールド・ラッシュの潮流の中にあった。すでに木材産出で経済力を付けた港町シアトルは、一八六〇年代には娼館、酒、賭け事の盛んな場所となっていた。わかがたどり着く直前の一八九六年には、中国人労働者排斥の大きな暴動が起こっている。米国全土で鉄道建設に従事していた中国人労働者が、恐慌のあおりで失業し、都市へと流れ込んだことがきっかけだった。白人労働者だけでなく、それまで人種差別の主な対象であったはずの先住民まで加わって、暴徒の群れは中国人を襲撃した。その犠牲の規模は大きく、米国はのちに中国に正式な謝罪を行ったほどである。わかが数年後にたどり着いたサンフランシスコも、多くの中国人移民が、同様な差別と暴力の危険にさらされながら住む町であった。チャイナタウンに設立されていた娼婦のための駆け込み寺的存在だった「キャメロン・ハウス」に助けを求めたわかは、そこで自分と同じような境遇の中国人女性たちに寄り添って生活していたという。

また、嘉吉は十代で渡米し、社会の最下層で肉体労働をしながら勉学に励み、語学に長け、当時学術分野として米国の大学に導入されたばかりの新しい学問であった社会学に触発されて、独自に文献研究を続けた人である。その人並み外れた才能にもかかわらず、人種のゆえに教鞭をとることが叶わなかった体験をもつ彼が、日本回帰の思考にたどり着き、「自国の産業力を高めることでのみ、尊厳をもつ労働者は生まれる」という結論に達したことは想像に難くない。わかは「労働者を安く買い叩こうとする資本の論理、その論理の上に花開いたアメリカの享楽的な繁栄」を嫌い、「万国の労働者の連帯」は絵空事だといい、「勤勉で、清潔で、秩序に満ち高邁な、全体主義」を目指すことになった、と海妻は論じている。そしてそうだとすると、それはわか一人がたどった軌道ではなく、嘉吉とともに見出した方向性だったと考えるべきだろう。しかし、わかが、自分が理想とする完璧な秩序が全体主義のもとで最も効率的に達成されると考え始めるのは、時期的にもう少し後になってからのようである。

嘉吉が一九三四(昭和九)年六十九歳で他界した後、わかはより精力的に母性保護推進活動を展開する。主婦之友社を起こした石川武美《たけよし》との親交から海外親善使節となり、一九三七年秋から半年をかけた米国講演、一九四一年のドイツ、イタリアにおけるファシズム体制の視察と、当時の六十歳の女性としては、目を見張る行動力を見せている。米国でエレノア・ルーズベルトに会見したことを「母心の融合」と名付けた彼女が、わずか三年ののちにヒトラーとムッソリーニの「父心」を讃える立場に移行したのは、かならずしも時勢に流されたわけではなく、彼女の中にあった「父的なもの」への憧憬が再帰したと仮定することは、心理主義過ぎるかもしれない。しかし、わかに私的な愛惜を呼び起こす「父的なもの」は、嘉吉という現実の「父」を失った後に、国家に対象を移して投影されていく。そしてそれは悲しくも不毛な投影である。なぜなら、国家はポリティカル・エンティティーと呼ばれるとおり、国際政治の関係性の中で用いられる単位であって、それは、あたかも実在する一個の人間であるかのように語られるが、本来は形のないものである。

五　性と身体を取り戻すための砦

山田わかが描いたユートピアでは、国民は国家による法の行使を俟つまでもなく、進んで自分の精神と身体を自己管理する。まさにそれは、フランスの現代思想家ミシェル・フーコーが近代社会の権力のあり方だとして指摘した「パノプティコン」の構造である。(21) パノプティコンは十八世紀末にサミュエル・ベンサム(22)が設計したと言われるドーナツ型の建築様式で、そこでは刑務所の囚人が、中心の監視塔から常に見られていると感じるような構造であるため、実際に監視する必要がなくなる。それは同時に、精神的な苦痛を与えることが体罰にとって代わる刑罰の歴史の推移を表してもいる。フーコーは、近代国家は同様な心理的監視体制を備えており、そこでは身体性が排除されると指摘した。そのことを踏まえてわかのテクストを読むと、身体がもつ自然な欲求を抑え込むことから秩序は生まれると、彼女が考えていることが見えてくる。わかは、西洋の最新の思想を吸収しながら、近代化する日本のあるべき姿を独自に構想し、その中心になる単位を婚姻制度に基づく家庭だとする。そして婚姻の主体は父ではなく、母であるとしたところに、わか固有のフェミニズムがあるのだが、皮肉なことに家庭の主体である母は、誰に命令されるまでもなく積極的に自己の身体を監視するというパノプティコンに幽閉されてしまう。

性についてわかが語るとき、「愛欲」「肉欲」「性欲」という言葉は男性に特化した欲望として用いられる。ところが女性の性を語るときは「恋愛」となり、恋愛は「自然」の意志を具現するものとして肯定される。自然は「種族の継続、向上」を計算に入れており、「異性との接触を欲望し、一人が他の一人の全てを欲望する」こと、すなわち一夫一婦制の結婚制度は「自然」なのだという論理に繋がるものとして、わかは「恋愛」すなわち「女性の性」を語る。[23] 彼女の言葉によると、女性は外部から、つまり男性と社会から奴隷にされているが、男性は内部から、性欲や財力の奴隷にされており、婦人が「男子の玩弄物」であるように、男子は「本能に投げ飛ばされるフットボール」なのだという。平塚らいてうのもとに結集した他の女性解放家たちと彼女が袂を分かつのは、一つに女性の経済的独立と就労の問題においてであるが、もう一つには、性に対する感情に大きな相違があったからだと、その著作から読み取ることができる。

一九二二年（大正十一年）に産児制限促進を説くサンガー夫人が米国から来日し、それを受けて避妊と堕胎に関する論争が高まった。避妊と堕胎の両方に反対の立場を取る者は男女を問わず少なくなかったが、その中でわかは「男性は肉的愛の所有者」であるから、避妊が可能になれば

「女性の精神的愛が蹂躙され」、「愛の死骸となる婦人」が増えるであろうという、粗く、幼稚にすら聞こえる論を堂々と述べている。[24] これは、経験の浅い若い女性に同意されることはあっても、それが虚構に過ぎないことは大抵の大人の女性にはすぐに見破られてしまう。産児制限は人類を動物化する、とわかは主張する。それは性の「乱用」を生み、肉欲を抑制しようとする精神的な努力を無にするというのだ。「無制限に肉欲を満足させようとすることは、人間の精神愛を無視」した行為であると。この時点で、自分の性の欲望を認識し、それに忠実に生きることで女性の解放を実現しようとした伊藤野枝や山川菊栄のような「新しい女」たちは、わかの言葉が描くこの女性像を再び振り返ることはない。それを承知していながら、わかは「新しい女」批判を全面に押し出し、それによって、新しい女の解放された生き方への羨望を抑圧させるしかない女性たち、いい換えれば世の中の大多数の「普通」の女性たちの賛同を勝ち得ることに成功する。

わかと嘉吉が選択したポリティクス（活動の方法論）は、平塚らいてうが設立しようとしていた新婦人協会を蹴り、『婦人と新社会』（一九二〇年三月～三三年七月）を刊行することで、革新的な婦人解放論との明らかな差異化へと向かう。二人が、愛国婦人会（会長、下田歌子）の保守主義の理論的バックボーンとなっていくのもその直後からである。

結婚制度の中に囲い込んだ性は、出産に繋がるがゆえに国家や人類の発展をもたらす「恋愛」であり、それに対して外部で行われる性は「動物的」で「堕落」をもたらすという構図がわかの頭の中に深く焼き付いている。しかし同時に、彼女は婚姻制度の内側における性的な楽しみや喜びを否定しているわけではない。身体性を原罪とするキリスト教の立場を取ってはいないのだ。彼女が本を読むことに目覚めたのは、サンフランシスコの「キャメロン・ハウス」で聖書を学んだときであるから、キリスト教の影響は大きかったはずだが、本人は、それは割合早い時期に乗り越えたと述べている。そしてそれは、エレン・ケイの思想を学んだことに関わっている。スウェーデンの社会思想家エレン・ケイは、『児童の世紀』という本を書き、育児・教育の近代化に大きな足跡を残したフェミニストである。嘉吉を中心にした山田塾の読書会ではケイの著作の英訳版を読む会に青鞜の女性たちも参加している。ケイは、性道徳に関する論考『恋愛と結婚』（一九一一年）の中で、性に対するキリスト教のアプローチを歴史的に詳細に批評しており、わかはそれに強い影響を受けたと言っている。「肉の穢れ、その醜さに呆れて居た自分はまったく基督《キリスト》教的愛の見解に心酔して居た。けれどもそれは或る期間だけであった。基督教によって魂の復活を得た私はエレン・ケイによって肉の復活を得た」と語っている。(25) 肉の復活とは、すなわち性の喜び、楽しみを自由に体験することが可能になった、ということであるとすれば、それ以前のわかが、性と身体性とにいかなる嫌悪を感じていたかが窺える。そうだとすると、わかが思想の中心においた一夫一婦制は、彼女にとって、自己の身体性を取り戻すための唯一の砦であったかもしれないのだ。そしてその砦を守るために、外部への激しい攻撃を緩めることはできなかった。

わかによる「モダンガール」批判の例を挙げると、

- 人類の生活の経験が作った道徳律（結婚制度のこと）を無視する、道徳的自殺者である
- 社会に対する責任を考えず、無知無恥な女性が、自由奔放な性生活を実行している
- 種族のため社会国家のため最も重要な意義のある性行為が、個人の自由であり、社会が干渉すべきでない、というのは矛盾である
- 現代女性の貞操無視、生活の堕落、モダンな男女は社会の寄生虫である

と強い言葉が続く(26)。しかもいったんは山田塾での読書会に招き、個人的な繋がりのある『青鞜』の女性たちも彼女の批判の対象に含まれていることを考えると、先に述べた彼女の性に対する基本的な感覚がいかに決定的なものであるかが想像できる。彼女にとって、砦の中の幸福を守ることは、自己の身体を愛するための手段である。強制的な性行為が、自己の身体を意識から消去することでのみ、生き延びられるとしたら、その身体を取り戻し、再び自己と同一のものとして愛おしく思えるようになるまでには、想像を超えた道程があるに違いない。

宗教にしろ政治思想にしろ、人がそれを選択するとき、その人の個人的体験が大きく関与している。そうであれば、キリスト教の影響いかんにかかわらず、望んでも妊娠することができなかったわかにとって、避妊や堕胎がいかに利己的で傲慢な行為に思えたかは容易に想像できる。ただし、その私的な感情に「群衆」の管理という為政者的な観点をもち込み、正当性を掲げてわ

かが発言し始めるとき、それが「群衆」の側にあって闘おうとする『青鞜』の女性たちとの決定的な分岐点となる。山田わかは女権拡張の立場を固持しており、婦人は参政権をもつべきであり、夫の収入は妻が管理すべきであり、あるいはまた、子育てをし、家庭を守る女性は、大学で学び博士号を取る女性と同等の尊敬を社会から得るべきであると繰り返し主張する。しかし、「母性」という概念に取り憑かれたように邁進して進む先が、なぜ国家という「父」であったのか。次章では、この疑問を追いつつ、さらに異なる角度から山田わかを読み進めていく。

注

(1) ミハエル・バフチン、望月哲男、鈴木淳一共訳『ドストエフスキーの詩学』ちくま学芸文庫、一九九五年。

(2) 平塚らいてう、のちに伊藤野枝の編集による日本初の女性月刊誌。(一九一一年九月〜一九一六年二月)。

(3) 山田わか『女、人、母』森江書店、大正八年(叢書『「青鞜」の女たち』第十三巻、不二出版、一九八六年に収録)および『恋愛の社会的意義』東洋出版社、大正九年(一九二〇年)の巻頭に掲載されている。

(4) わかは、『恋愛の社会的意義』の一章で「須磨子の死」について述べ、死によって二人の恋愛が真摯なものであったことが証明されたという立場を取っている。

(5) 山崎朋子『あめゆきさんの歌——山田わかの数奇なる生涯』、文藝春秋、一九七八年(文春文庫、一九八一年)

(6) 香内信子「解説」、山田、前掲『女・人・母』、八頁。

(7) ジャック・ラカン『精神分析の四基本概念』、ジャックアラン・ミレール編集、小出浩之他訳、岩波書店、二〇〇〇年。

(8) 香内、前掲「解説」一〇頁。

(9)「プリティ・ウーマンの現実」レイラ・ミッケルウェイト、二〇一五年三月二四日（*The Reality of Pretty Woman*, https://exoduscry.com/blog/general/the-ugly-reality-of-pretty-woman）

(10) 木村涼子『〈主婦〉の誕生――婦人雑誌と女性たちの近代』吉川弘文館、二〇一〇年。「婦人」が、有産階級の女性を指すのに対し、「主婦」は「おかみさん」といったニュアンスで使われていたため、『主婦之友』の命名は画期的であり、読者層の変化がそこにも伺える。

(11) わかは、新聞上での身の上相談返答者として大きな成功を収めており、強かんによる妊娠で悩む女性に、産んで母として生きることを諭したことで反響を読んだ当時、十カ月分の相談内容が単行本として出版された。山田わか「東京朝日新聞『女性相談』昭和六年五月〜七年三月」（木村書房、一九三二年初版）、五味百合子監修『近代婦人問題名著選集、社会問題編、第八巻』一九八三年。

(12) 山田わか『山田わか著作集第五巻――現代婦人の思想とその生活』学術出版社、二〇〇七年、四一五頁。

(13) 同書、四三四頁。

(14)「オーストラリアにおける娼婦たちの顔」ジェマ・ニュービーによるレポート、二〇一五年四月三日（*The Faces of Prostitution in Australia*, http://www.bbc.com/news/blogs-trending-32165949）

(15) 売買春を合法化したドイツでは、近年就業者数が四万人に膨れ上がり、国内外の貧困層の女性たちがそこに集中するという負の側面も指摘されている。「欧州の娼館と呼ばれて、アンジェラ・メルケル首相は構わないのか」イナ・ビエネムによるレポート、二〇一五年五月二七日（http://

www.huffingtonpost.com/taina-bienaime/germany-wins-the-title-of_b_7446636.html)

(16) 本稿では、海妻径子による以下の論文を参照した。①『近代日本の父性論とジェンダー・ポリティクス』作品社、二〇〇四年。②「稼ぎ手としての男性要求から愛国主義へ――山田わかの女性保護論」『近代日本においてマスキュリニティ――男性性はどうかたられたか』現代のエスプリ、二〇〇四年九月号、一七三～一八三頁。

(17) 山崎、前掲二〇八～二三五頁。

(18) 山田わか『社会に額づく女』耕文堂、一九二〇年、第五章「婦人労働組合」参照。

(19) 山田、前掲『山田わか著作集第三巻――愛と生活と』、第二節「理論と実行とは」。

(20) 海妻、前掲「山田わかの女性保護論」、一八二頁。

(21) ミシェル・フーコー、小林康夫他編、『フーコー・コレクション（四）権力・監禁』ちくま学芸文庫、二〇〇六年。

(22) パノプティコンを理論付けたのは兄で哲学者のジェレミー・ベンサムで、彼は功利主義（社会は最も多くの人が幸福になることを基準とすべきであるとする思想）を体系化した。その思想は変遷を遂げつつ、現在も堕胎、安楽死などの生命倫理に関する問題でしばしば登場する。

(23) 山田、前掲『山田わか著作集第五巻――現代婦人の思想とその生活』七一頁。

(24) 山田わか『堕胎について――松本悟郎氏の「『青鞜』発売禁止について」を読んで』堀場清子編、『青鞜』女性解放論集、岩波文庫、一九九一年、二九六～三〇三頁。

(25) 山田、前掲『恋愛の社会的意義』一一〇頁。

(26) 山田、前掲『山田わか著作集第五巻――現代婦人の思想とその生活』一三〇～一三八頁。

第二章　イライザ・ドゥーリトルの憂鬱（二）

大友りお

一　「父」への憧憬

恥るな女よ
人類の創造は汝の特権である
汝は肉体の門である
汝は魂の門である
女であることは、男である
ことと同じく偉大である
そして人類の母であることは、あらゆる
偉大なるもののうちで最も偉大である

ホイットマンのこの詩を、わかは母性の革命の中心理念としている。[1] 母であることが、「あらゆる偉大なるもののうちで最も偉大である」という言葉に心を打たれたに違いない。しかし、注意深く読むと、この詩には、素直に感動できないあるまなざしが注がれていることに気付く。「門」は入口であり、出口である。すなわちそれは、通過されるもの、媒体である。ホイットマンはこの詩で「母」とは媒体であり、通過されるものだという。そこを肉体が通過し、魂が通過するのであれば、それは誰かの肉体であり、誰かの魂なのだろうけれど、「母」自身のものではない。つまり「母」は主体でもなければ、客体でもなく、その生の意義は唯一「献身」にあることになる。女が、自分の身体をモノに変えることに同意し、それを他のために差し出すとき、彼女は最も「偉大な」存在となるのだと、この詩の語り手は女性たちに語りかけている。女性たちに「あなた（汝）」と呼びかける男性の「わたし」は、決して自身が母になることはなく、したがって献身することもない。彼は、主体性を確保した安全な位置にいて、そこから父が娘に語りかけるように発言している。

この詩は、一方で女性を讃えつつ、その賛美の瞬間に彼女から身体も、主体性も、個としの尊厳も奪い取る、極度に暴力的な詩である。では、わかを含む当時の読者がその暴力性に気付いていないのはどうしてだろう。それはこの詩の語り手が、「寛容な父」の声で語っているからだ。「寛容な父」を誇示することは、権力の常套手段であるから、その父の語る物語に加担することは、非力な者が個の尊厳を取り戻すための一つの手段となる。そしてその物語は、「愛されている」という物語を演じたい娘たちにとって、最も受け入れやすい神話であろう。

嘉吉とわかは、双方の血縁をたぐって男児と女児を一人ずつ養子にして育てている。子のない夫婦が、親戚から養子をもらって育て、後継ぎを作ることは、少なくとも戦前の日本では広く行われていた。しかしわかの場合は、家名の継承以上に、自身が「母」になることへの希求が強かったように見える。またそれは同時に、嘉吉を現実の「父」にする行為であったことを見過ごしてはならない。先に述べたように、わかはある時点から、自分は嘉吉の精神的な母であったと感じるようになる。そうだとすると、わかの物語は、娼婦から淑女へというより、娘から母になる「変身」の物語だったと見ることも可能であり、ホイットマン的には、わかがモノになることに同意して「偉大さ」を勝ち取ったヒーロー伝説になる。だが、視点を変えてそれを見ると、わかが娘から母になるということは、嘉吉というかけ離れた知性の持ち主である「父」と対等になることを意味する。言い換えれば、わかの「変身」が最終的にたどり着こうとした場所は、父をも制御する「母」、すなわち父の場所そのものであった。意外に早い時期から、わかの著作にはホイットマンと同質の「父的な」まなざしが顕著に表出している。女性を救い、社会を救うという正義感と共存して、「父」のもつ権力への憧憬がそこには見えている。そのことをして、山田わかは父権主義に加担した女性だと非難するのは、全体主義をよしとした彼女を、単純なヒューマニズム(人間中心主義)の立場から批判することと同様に、まったく的外れというわけではないが、やはり偏った読み方である。

　ホイットマンの詩を愛したわかは、その内容もさることながら、彼の「父的な」ものの言い方にうっとりしている。「父的な」ものの言い方は、権力の座にいる者のもつ豊かさが、まるですべてを見通す神の言葉であるかのように信頼と説得を可能にする。一般的に、二者間の関係性の磁場において、言葉は権力の装置として機能する。わかの著作が「父」を周到に模倣した語り口であふれているのは、彼女が、権力の装置としての言葉の機能を直感的に知っていたからに違いない。

それにしても、わかが好んだホイットマンのこの詩はなんとポルノグラフィックな詩であろうか。詩的な言葉に内包される性の欲動の足跡は、その言葉に耳を傾ける者を皮膚感覚で魅了し、それゆえに、私たちが個々に思考の中にもっている、危険なメッセージを検閲するシステムを一時停止させてしまう。わかより後の世代の女性たちの中には、そのことに気付き、詩的な言葉を監視し批評する物語の創作に打ち込んだ優れた作家たちがいる。その一人、英国のアンジェラ・カーターは、意外なところで日本との関わりをもっており、作品中に「父の権力」に対峙する娘を見事に描いている点で、わかの物語を読むために不可欠な、一つの視点を提供してくれる。(2)カーターは、既存のポルノグラフィが現実の力関係の縮図であると批判する一方で、なおそこに、失った自己の身体を女性が取り戻すための可能性があると考えた。ここでいうポルノグラフィは、画像、映像、テクストすべてにわたるエロティックな物語表現のことである。カーターは新しい物語の創作を通して、いったんモノとして差し出された女性の身体が、生きた個として回復できるような可能性を模索することに全力を注いだ。彼女は「父的な」言説を拒絶する強い意志をもち、わかとは対極的な書き手なのである。

一九六九年にサマセット・モーム賞を受賞したカーターは、若手の小説家に贈られ、英語圏以外の国で二年間過ごすことという、この賞の特異な条件を満たすべく、それまでまったく馴染みの無かった日本を選び、東京新宿のアパートに住んで日本の歴史と文化について独学する。その後、モーム賞の援助期間を過ぎてなお滞在を望んだカーターは、銀座のクラブでホステスをして生計を立てた。当時の日本は、一九六四年東京オリンピックによって戦後の復興を世界に示し、飛躍的な経済成長の最中にあった。同時に、資本主義とは正反対に位置する新左翼学生運動の怒濤の中にあり、どちらも同様に市民のグローバルな意識を高めることに貢献した時代であった。一九七〇年は、大阪万博と、三島由紀夫の切腹事件に世界のまなざしが集まった年である。世界の中の日本、あるいは西洋対日本を改めて強く意識したその時代に、外人ホステスのみを雇用したキャバレーは、企業戦士と呼ばれる男たちの共有する欲望のファンタジーの一環を担っていたといえる。そこには、途方もなく高額な代金を企業が経費で賄うという奇妙な祭りの空間が創り出されていた。ここでの体験が、カーターを独自の視点をもつフェミニストに「変身」させ、彼女のその後の創作のエネルギーとなる(3)。

多くのフェミニストの立ち位置は、ポルノグラフィは女性を男性の性欲の対象物としておとしめ、個の尊厳を奪い取る悪とするものである。ところがカーターは、ポルノグラフィという媒体に自嘲的なスタンスがあることに注目する。自嘲的なスタンスで語られる物語は、読む者がそれをアイロニーとして受け取るため、語りがいかに自己の正当化を試みていても、素直にそれに同調することはない。カーターはそれが、近代小説的な独白的世界観からは解放された空間であるとして、その点を肯定的に捉える。また、ポルノグラフィに描かれる性的関係は、広く人間同士の力関係を具現しているが、身体性自体はそこにはないとカーターは指摘する。そこでは、身体性は、読者や観客の欲情のファンタジーに働きかけるシミュラクラム（言葉や画像に置き換えられた幻像）に過ぎない。そこに現実の身体はなく、描かれる関係性はファンタジーの中だけで完結するものであるから、現実の力関係に作用することは不可能だと見なすのだ[4]。そしてその非作用性がカーターにとって、ポジティヴな意味をもつ。なぜなら、彼女の試みは、ポルノグラフィというファンタジーの空間を女性に解放し、それによって女性が自己の欲望を発見し、自分の身体をもう一度手元に手繰り寄せることを視座に置くからだ[5]。

山田わかとは時代が異なり、状況もまったく異なるカーターの体験は、しかし、異文化に突然放り込まれて、そこで女性である自分の身体を再発見したことにおいては共通している。帰国してからのカーターは、おとぎ話の書き換えという創作の可能性へと向かう。おとぎ話は、時代と場所を特定しないファンタジーの空間である。そこには、固有性をもたない人物や動物がそれぞれ一つのタイプとして登場し、彼らが作る関係性が物語のプロット（筋）を生み出す。これに反して、近代小説は個の主体性と固有性を構築することを使命とした。そこを起点とした書き手であるはずのカーターが、ファンタジーという囲いの中において、人びとの関係性を現実的に描くという試みは、作家としての捨て身の跳躍である。しかし、もちろんそこには、時代の追い風もあった。その頃、ガルシア・マルケスの『百年の孤独』（一九六七年）を先鋒に、マジック・リアリズムと呼ばれる脱近代小説の動きが世界的に始まっており、それは社会批評としての性格が強いファンタジー作品群であった。

彼女と同年代の日本の作家が、奇しくも同様の作家活動を始めたのは、もう少し後である。倉橋由美子は『大人のための残酷童話』（新潮社、一九八四年）を、佐野洋子は『嘘ばっか――新釈・世界おとぎ話』（講談社、一九八五年）を、どちらも作家活動の後半になって書き始めている。独自の文体で語る両作家の物語は、ともにおとぎ話が隠蔽する「父の欲望」を暴露し、抑圧された女性たちの欲望を再構築することにおいて、カーターと同じ跳躍を遂げている。それは、どこまでも「父の欲望」を体現していくように見えるわかとは正反対の道である。カーターは、男性の視点を反映することなく女性の欲望を語る物語を模索し続け、一九九二年に五十一歳という若さで亡くなって以来、英語圏の大学では、文学の卒論課題に女子学生が選ぶ作家リストの上位を保っている。

一九七二年に出されたカーターの作品集『血染めの部屋――大人のための幻想童話』[6]では、「赤ずきん」「美女と野獣」「青髭」などのおとぎ話が、幾つかのバリエーションに書き換えられている。ゴシック調の閉じた世界を設定することでファンタジーの様相を呈しつつ、同時に、近代小説的な心象風景が混じり込む。そこには、父権主義の外部に置かれた男性が登場したり、「父」の欲望を受けて、それを恐れながらも享受する「娘」が、自身の複雑な欲望を発見する瞬間が捉えられていたりする。カーターの描く「娘」は決して「無知」ではなく、「父」の独裁する空間の中にあって、自分の性的な欲望も確認する知性をもっている。そのうえで、「父」が構築した世界を否定して破壊するか、あるいは、新たに自分が構築した世界で「父」を愛するのである。それが端的に表現されている「赤ずきん」に関わる連作は、カーター自身が脚本化に参加し、ニール・ジョーダンによる演出で映画化されている（『狼の血族』一九八四年）。カーター仕様のフェミニズムは、女性の欲望を引き出すという、個に働きかける運動であると同時に、国家権力に具現される全体主義的な構図を破壊する使命を帯びている。すなわち、カーター文学はわかと同様に社会改造を目的としたポリティクスなのである。

しかし、カーターはわかの時代に生きてはいない。ホイットマンの詩をもう一度読み返してみる。わかが、このような「父」に愛され、保護されることでのみ、母性を掲げることができると感じたとすれば、そのこと自体がわかの時代の女性たちの立場を饒舌に語っていると読むべきである。ただ、わか自身は、そういった女性たちよりしたたかで、彼女たちを鳥瞰する「父的な」まなざしをもっていたのであるが。

二　「父」が作る物語

大正一四年（一九二五年）発行『愛国婦人』十二月号がここにある。イタリア帰りの講演者が、ムッソリーニの偉大さと、その「親しみのある」人柄を紹介する内容の記事に続いて、山田わかの手になる、ハンス・クリスチャン・アンデルセン（一八〇五～一八七五）の文学性に関する論考が掲載されている。(7) 同じデンマークの文学批評家ゲーオア・ブランデス（一八四二～一九二七）を紹介したうえで、わかは、ジャン・ド・ラ・フォンテーヌ（一六二一～九五）のおとぎ話に見るアイロニーを「狡猾な」フランスの国民性であるといい、アンデルセンの物語のもつ叙情性を北欧人の感性を代表するものとしてそれと対比している。わかは「情緒」という言葉を使い、それは「理知」に対角する価値であり、日本人の読者に受け入れやすい感覚だと言い、いわゆる「日本人論」を唱えている。しかしこの時期のわかには、まだファシズムへの傾倒は見られず、それよりもまず、海外の知を理解し体現する批評家として自分を確立する意図がここには強く反映されている。(8) また、「学校教育で教えるのは知と技術であるが、社会にとって最も大切な資源である情緒ある人間は、家庭で、母のみが教えることができる」という一貫した彼女の主張がこの論考にも織り込まれている。

わかは、アンデルセンが描く「細やかな」女性心理は、彼が男性でありながら、女性的なものを内存していたから描けたのである、という。しかしながら、ここで挙げられる作品『或る母の話』と『小さい人魚』は、どちらも女性が女性であるがゆえに苦しめられる救いのない悲劇である。前者では、母親が疲れて居眠りした間に病気の息子が連れ去られたため、深い罪の念を抱きつつ、母は息子探しの旅に出る。彼女は度重なる過酷な要求に応えて進み、最後には自分の両眼をも差し出すが、結局、不幸になる可能性のあるこの世より天国にいるほうが息子は幸福なのだと諦める。後者の人魚姫の物語は、シンデレラ物語と近似した構成をもつが、倉橋由美子がその書き換えで提示したように、もとより下半身のない、すなわち性を剝ぎ取られた存在の女が、欲望を持ち、満たされようとすることで罰せられる結末を描いている。

これらがいかに「綿密に柔和に」描かれていても、女性の身体が暴力を受ける物語であることに変わりはない。アンデルセンの童話には、街頭で凍え死ぬ『マッチ売りの少女』や、足を切り落とすことでしか踊りを止められない女性を描いた『赤い靴』を含めて、女性が何らかの暴力にさらされて死に至るものが多い。そしてそれらはグリム童話やペロー童話のように民話の聞き書きを元にしたものではなく、彼の創作なのである。アンデルセンが、わかの言うように女性に感情移入することができる男性であったとしたら、それらの作品はマゾキストの欲望を具現したものであろう。あるいは、彼の少女たちへのまなざしが父のそれであったとしたら、娘を救いたいという愛情は強くは感じられない。にもかかわらず、わかがアンデルセンに惹かれることの本質はいったい何なのだろう。

アンデルセンの作品には、他の童話にないリアリズムがあり、そこでは、運命の決定に抗えない女性たちの現実がリアルに描かれている。ここで、わかが「情緒」と呼んだものを、ギリシャ悲劇の登場人物でもあるかのような、アンデルセンの主人公の女性たちに共有な「悲しみ」のことではないかと推測してみる。それは、わかの周りで女性たちが日々体験し、わか自身も体験してきた「抗えない悲しみ」、いわば「隷属する存在」であり続けるという、女性が置かれた歴史的な背景のもとに認識される感性で、女性たちが共有する「悲しみ」のことだと考えてみると納得がいく。女性がそこを踏まえてのみ先に進めるような、踏石があるとして、それをわかは「情緒」と呼んでいるのではなかろうか。母性保護論争においてわかが取った立場が多くの女性に共感を得たのは、男性と同等に職業をもち、家の外に出ることが、より保障された生活をもたらすとは彼女たちには思えなかったからだった。すなわち、わかが「情緒」と呼ぶ感性、「隷属の悲しみ」を多くの女性たちが共有していたからだった。わかが回帰する「情緒」の本質は、社会が女性を幽閉していくときのとてつもない力に対峙したとき、女性たちが感じる怒りと焦燥であり、それを共有するところから始まるわかの闘争の起点なのだと見ることができる。

わかの行動を読むにあたって、見逃してはならない点がここにある。山田わかのユートピアは、女性を家に閉じ込める、カビの生えた家父長性に回帰する思想ではなかった。そうではなくて、近代性の思想が描いた清潔で、安全で、高邁な、統制された社会の図にユートピアを重ねることから始める闘争であったのだ。それはまた、ナチスドイツを初めとする国家主義的社会主義（ファシズム）が掲げる近代性の理想と呼応する。近代のファシズムは専制主義という悪であると同時に、優生学的な理想主義を根底にもち、社会を統制のとれた一つのユートピアにするという欲望をもっていたから、わかがそこに自分の闘争の拠り所を見出したのは、決して不思議なことではないし、後世の読者に理解できないことでもないのだ。

しかし、統制のとれた近代のユートピアの図を構築するのには、それに相反する空間を夢想する必要があった。わかは、ロシア革命にそれを見出そうとしている。そしてそれは、統制から常にはみ出す性格をもつ「性欲」と密接に繋げられ、それゆえに悪であり、周縁に押し出される空間となって表現されることになる。次に、その外部の空間に言及して興味深いわかの論考を読んでみよう。

三 「性欲と革命」の不思議な物語

一九二〇（大正九）年に出版された『社会に額づく女』[9]は、山田わかがいかに西洋の文化、歴史、政治、思想に通じた才女であるかが誇示されたような本である。ところがその中に、「性欲と革命（マソキズムと無政府主義）」という題名の不思議な一編が収録されている。当時は、日露戦争中の一九〇五年、困窮したサンクト・ペテルブルクの労働者のデモに政府が銃を向けた「血の日曜事件」に端を発するロシア革命が、第一次世界大戦後の一九一七年に二月革命、十月革命を経て、レーニンの中央集権へと収束した頃である。わかはここで、精神分析的な要素を取り込んで、伝えたいメッセージを物語に包み、読者を皮膚感覚で魅了しようとする。

勿論、多くの革命家のうちには立派な性格を備えた、本当の人道主義の上にたっているものもありましょう。けれども……心身共に震え上がるような惨劇を演出して、非常な苦痛を味わい、そして、その苦痛のうちに云うに言われぬ快味を味わうという変態心理を持ったものがあることは事実であります。……露国過激派を構成している要素は大部分それであろうと私には考えられるのであります。(10)

わかは、あるロシア無政府主義者の手記がたまたま手に入ったといい、人が革命運動に飛び込んでいく心理的な経緯を、それをもとに探ってみると説明して、アナキストKを主人公にした物語を創作している。万一、これが彼女の創作ではなく、実際の手記を元にしたものだとしても、そこにある性的な描写を採用して活字にしているところに、彼女の意図が表れている。次の一節は手記からの引用文として引かれている。

父が怒って私を彼の膝の上に引きずり上げてつんのばした時に私は父の拳骨が怖くて震えていながらも、そこになんとも云えない快味を覚えた。……私は痛さをこらえて母のそばへ走って行く。母はすぐに私の傷を調べて、そして、泣く。私のために大いになく。私を抱いて接吻し、接吻しては抱きしめ、抱きしめてはまた接吻する。……こんなことを繰り返しているうちに私のマソキックな性質はすっかり造り上げられてしまったのだ。(11)

わかはマゾキズムを、「受動淫虐狂（異性に虐待されて性欲を亢進するを快楽と感ずる一種の色情狂、サディズムの対）」と定義しているが、実際少年Kが取る行動は、むしろ少女をいじめ、彼女たちの怒りを買っては、それをなだめる和解のときに喜びを得るという、サディズムの相まった手の込んだものである。成長したKがたどり着いた結論は、愛とは苦悩と快楽の結合であるというものだった。その後、肉欲の限りを尽くした後、マスカという名の女性（なぜか女性だけが名前を付けられている）と激しい恋愛をするが、堕胎の必然性に直面してマスカは自死に至る。彼は、歓楽の後にその二倍の苦悩を舐めることはマゾキズムの自然な法則である、として彼女の死を受け入れる。「愛は最も残忍な迫害者である。血を好み、惨殺を好む」と言い、マゾキズムの原則をあらゆる方向に押し広げて、彼は無政府党に入党する。財産を擲って革命運動に入り、ヨーロッパを駆け回り、さまざまなカオスを造り出しながら生きていくが、最後に捕らえられて、狂人として銃殺刑を免れる。

この物語のプロットは、あまりにも統制がとれていないがゆえに、むしろ、実際の手記が存在したと考えるほうが納得がいくほどである。いったい、わかが発しているメッセージは何なのだろう。マゾキズムの特殊な性悪について語っているように見えて、実は性欲自体が暴力性に裏付けられた欲動であることが、さまざまなエピソードの詳細からにじみ出ている。そしてその描写の一つひとつが、読む者の皮膚感覚を刺激する性的な誘いになっていることを書き手が知らないはずはない。

後半は無政府主義（アナキズム）のもたらすカオスの酷さに多くのページを割いている。しかし物語は、アナキストのみならず、国家の秩序を破壊するすべての革命家が狂人だというところに到達し、そこに齟齬が生じている。わかの想像の中では、ロシアというファンタジーの空間が、何かどろどろした、欲望の渦巻く暗闇として描かれているのだ。いい換えると、精神分析学と文化人類学を合わせてフランスの哲学者、ジュリア・クリステヴァが提示した概念、アブジェクシオン（ケガレ）[12]を具現する世界を、ロシアが担わされているのである。わかが希求する近代の理想郷では、すべてが的確に分別され、くっきりした境界線が引かれる。内側には清潔で、統一された世界（近代的主体＝私）があり、それは外側の混沌とした周縁と区別することでのみ定義できる。わかが時間と労力をかけて紡いだであろうこの物語「性欲と革命」は、吐き出すべきアブジェ（汚物）をロシアという周縁に担わせることによって「清潔な日本の私」を構築する試みであり、それは、彼女にとっての皮膚感覚的な必要性から生まれている。清潔で統一された日本という空間は、今存在しないからこそ、それへのいわばオマージュとして、この物語は機能しているともいうことができよう。

ロシア革命は結果的に、無政府どころかソビエト連邦という巨大な中央集権をもたらしたが、グローバルな資本主義に押されて、一九九一年に内部崩壊に至った。日本では、わかが積極的に加担した日本帝国主義の野望が一九四五年に崩れ落ちると、米国主導の自由経済に相乗りし、科学技術の到来とともに、清潔で、安全で、高邁な、統制された社会がある程度まで実現されたと言える。そこに立ってわかのこの物語をもう一度振り返ると、この時代後れの物語の中で、家庭、そして女性についての言及だけは、今も古びていないかもしれないことに気付く。

この物語には、「強壮な野獣的な唯物な利己主義者」と一息で述べられた悪者の父と、「四六時中苦しめられている優しい感じ易い霊化された婦人」である母とが登場する。しかし、悪の根源は父そのものではなく、二人の関わり方にあったと述べられている点が興味深い。つまり、優しい母であることがすべてを修復するわけではない、というのだ。その点が、山田わかの母性保護の大きな柱でもある。わかにとっては、父を制御できる強い母（父権的な母）でなければ、社会は改善されないのだ。

四 「母」という幽閉をめぐる物語

近年、一方で公共の場における女性の活躍が可視化されてきたが、それに反比例して、他方で女性たちが共有する「悲しみ」（それをわかは「情緒」と呼んだのであった）は、今もまだ根強く息づいている。ここで、女性たちの現在を描く物語を一つ読んでみよう。

現代作家・桐野夏生の小説『ハピネス』（光文社、二〇一三年）は、東京湾岸、豊洲のタワー・マンションに住む若い専業主婦の女性たちを描く、いわゆる「ママ友」物語である。三歳までの幼児をもつ若い女性たちが、公園で待ち合わせて話をしながら子どもたちを遊ばせる。ただそれだけの、単調な日課の一部が、居眠りをしても罪悪感にとらわれるような「完璧な保育」に専念する女性たちにとっては、大人同士の時間をもつ稀有で貴重なイベントに感じられる。都心から郊外ニュータウンに家を構えた親の世代と異なり、この世代は都心へと回帰し、タワー・マンションが提供する安全で、清潔で、スマートなライフスタイルを購入する。そしてその「都会的なスマートなライフスタイル」とは、消費者として生きることに他ならない。ベビーカーのブランドにも消費者としての階級が刻印されるような、資本主義の網目の中にあって、ママ友グループは、その内部では経済力の「差」の隠蔽を心がけつつ、同時に外部との間に「差」を構築する。ママ友についてのルポルタージュを書いた杉浦由美子は、メンバー全員が購入可能なキャンバス生地のＥＣＯバッグを下げ、それがＥＣＯバッグとしては高額でおしゃれなブランドものであること、をそのわかりやすい例としてあげている。[13] 子どもの名前にママを付けて互いを呼び合うことで個人としての存在は消され、母としてのアイデンティティのみが肥大化する。グループは、距離をコントロールしつつ、オーガニックにみえる関係性を保つために日々膨大な努力を払う。

これらのタワー・マンションには、出産後も仕事を続ける高所得のキャリア・ウーマンが多く住んでいることがリサーチで明らかだが、[14] 専業主婦のママ友の世界では、職業をもつママたちは「働かなくてはならない人たち」であり、「三歳までの、人格形成にとって最も大切な時期を保育園に預けて、自分で育児をしない人たち」として排除される。専業主婦のママ友たちが語る言葉は、わかの時代の母性保護論争から百年たった今も大きく変わってはいない。

『ハピネス』は初め、小説の主人公たちと同年齢の読者層を持つ女性誌『VERY』（光文社）に連載された。『VERY』が掲げる規範的女性像は、育児と家事を完璧にこなし、ナチュラルに見えるがファッショナブルな服を時と場に合わせて着こなすことのできる「美しい」スーパーママである。仕事をもちつつそれをこなす女性たちも、スターとして紹介される。ライフスタイル・マガジンは、読者である女性たちの消費者としての欲望を促し、彼女たちの生が、購入可能な「ライフスタイル」であると伝え続ける。桐野夏生の『ハピネス』はそのシステムの内部から脱構築する、すなわち魅力的なライフスタイルを描いたうえでそれに疑問をなげかけるメッセージを内包する点が、すこぶる政治的である。

タワー・マンションでは、外部者の侵入を防ぐためのICカードが使われ、最大限の安全が謳われる。しかし、それは外部者のみならず、住民同士から互いを隔てるシステムでもある。『ハピネス』の主人公は、嵐の夜、砂場用のおもちゃのショベルをベランダから飛ばしてしまう。数日後、それは彼女の「だらしない生活」を批判する手紙とともにドアノブに掛けられている。直下のマンションの住人は、これを届けるためにまず一階に降りて、それからICカードを使って主人公のマンションの階へ昇り、同じ行程を引き返したはずである。フロア間の直接のアクセスは閉ざされており、別の棟へのアクセスはさらに複雑な迷路と化している。このように統制された空間は、フランスの哲学者ジル・ドゥルーズと精神分析学者フェリックス・ガタリが、共著『千のプラトー』（一九八〇年）の中で「条里空間」と呼んだものに等しい。[15]『千のプラトー』は、『アのプラトー』

ンチ・オイディプス』（一九七二年）の続編として出版され、ともに『資本主義と分裂症』というタイトルでくくられている。資本主義近代国家では、人は自由に生活していると感じているが、実は、目に見えない網の目状の検閲システム「条里空間」が存在し、それが人を生きづらくしている。条里空間の中では、自然の一部である人間の身体は異物として認知され、条里の枠に適応するよう変身を余儀なくされる。フィットネス・ジムのウインドウに映る身体のパフォーマンスは、その変身の過程を見せるショーであり、それは、規範のライフスタイルと、それに即した身体を示すことで、内側と外側（勝ち組と負け組）を提示する。[16] ドゥルーズとガタリは、そのような統制された網目状の空間に対して、解放された外の空間があるとして、それを「なめらかな空間」と呼んでいる。桐野夏生の小説『ハピネス』では、「条理空間」を豊洲のタワー・マンションに、そして、それに対比する解放された「なめらかな空間」を東京下町の深川エリアになぞらえて、後者に主人公の新たな生き方の可能性を見出している。

桐野夏生は別のところで、タワー・マンションの空間を「九龍城砦」という比喩で語っている。[17] 香港に存在した九龍城砦は、政治的かつ歴史的に構成されたアジール（国家や警察が介入することのできない独立性をもった空間）で、一九九三年に取り壊しが始まるまで、迷路のように構成されたスラムの居住空間であった。いったんそこへ逃げ込むと、外部からの追跡を逃れて自由である一方、そこから抜け出すことが困難になるような、依存性を促す空間でもある。タワー・マンションに住む桐野の登場人物たちは消費者として高い階級に属し、嬉々として砦内の生活を楽しんでいるように見えているが、幽閉の孤独にかわりはない。外へのアクセスをもつ働くママたちは、その代償として、身体的、精神的苦痛を耐えている。子どもの病気、睡眠不足、「育ママ」[18]であるがゆえの職場でのハラスメント、そしてもちろん子どもと離れていることの苦痛。保育所や夫の協力を得ても重圧は常にある。そして専業主婦の場合も同様に子どもの病気、睡眠不足に加えて、育児を一人で担うことの大きな負荷を背負っている。三歳までが重要だという神話は、児童発育の研究が進んだ今でも、なぜ三歳なのかという検証がなされないまま、育児をする母親一人に重くのしかかる[19]。その状況は山田わかがおよそ百年前に『社会に額づく女』の中で説いた、そうあるべき女性像となんら変わっていない。

児童が学校教育を受ける前に其の教育を十分吸収し得る能力と、得た知識及び技術を自他共に益するように使用し得る性格とを造って置かなければならない。――我々は『三ツ児のたましい百迄』と云う事と、それから、此の三ツ児のたましいは何時、何処でつくらる丶かを考えなければならない。人は三歳迄に善又は悪の精神の芽を造らる丶事を思わなければならない。――社会正義の観念の強い有益な人物を造るのも、利己的なねじけた有害な人間を造るのも、皆、孕み、生み、保育する婦人の手心にあるのである[20]。

『ハピネス』は、購入したはずの「ライフスタイル」は、消費者がその役をきちんと演じ切ることが条件であることに、主人公の女性たちがようやく気付くところで終わっている。インテリアも、車も、夫との関係も、そして子どもですらも、スタイルに添わなければ有効ではなくなる。しかし、人間の身体がもつ自然性は、常にその役からはみ出ようとする。そのような目に見えない網から出ることを、桐野は幸福の可能性として提示している。タイトルは、カタカナで語られるハピネスが、購入可能で消費可能なスタイルに過ぎないことを暗示し、そのアイロニーが読む者次第で受け取れる仕組みになっている点に、カーター、倉橋、佐野に繋がる高度に知的な語りの仕掛けが見える。

山田わかが推奨した女性の生き方は、そのような消費生活とは正反対のものであった。しかし、彼女が描いた家族社会は、同様に、役を演じ切ることが条件であるようなパッケージであり、ある種のライフスタイルといえる。慈悲深く、自己犠牲を厭わない、知的な母は、子どもたちを教育し、「正義の人」を社会に排出し、父は、母の任務遂行を可能にするため、経済活動に勤しみ、家庭の外に楽しみを求めることはない。そこでは、人間の身体がもつ自然性がやはりその役からはみ出ようとするであろうし、それを抑圧する女性たちは、安全な砦の中にいて、ハピネスを演じ続けるしかないのである。

五　イライザ・ドゥーリトルの憂鬱

第一章で言及した映画『マイ・フェア・レディ』では、下層社会に生まれたイライザが、貴族階級に属するヒギンズ教授に教育を受けて、貴族文化を身に付けた淑女へと変身を遂げた。ヒギンズ教授は、恋に落ちたがために、二人の私的な関係の中においては、権力をイライザに引き渡した形になるが、その関係の枠の外からみると、イライザも上流階級という権力の一端を担い、彼女がもっていた自由な身体が、統制された「美」と「正しさ」を具現するモノになってしまったとも見ることができる。変身前のイライザが「無知無恥」な存在であったとしても、彼女の住んでいた空間、ロンドンのコベント・ガーデンのそれは生活力に溢れた、人間の欲望が欲望として認識され、身体の自然性が躍動するカーニバレスクな世界だった。そこで歌われる楽曲が、このミュージカルの中で、いつの時代も高い人気を博しているのも、その世界が示す「なめらかな空間」と解放された自由な人間の生き方への希求が観客の中に存在するからであろう。舞台と映画の両方に登用されたスタンリー・ホロウェイが歌った『運が良けりゃ』(*With a Little Bit of Luck*)がそれである。ホロウェイが演じるのはイライザの実父、アルフレッド・ドゥーリトル。彼がコックニー(ロンドン下町のアクセント)でいきいきとそれを歌うとき、ヒギンズ教授のクイーンズ・イングリッシュが色あせていく。アルフレッド・ドゥーリトルは、初めから権力の外部に位置しており、「父的な」言説を真似る必要性をまったく感じていない父である。彼の言葉は、誰にも制御されない個の存在と、したたかでしなやかな一つの生き方を提示する。その歌詞を意訳すると、次のようになる。長文を顧みずあえてここに記すのは、そこに表現された人間性が、わかの描く理想の父性像の対局にあるからだ。

神さまに筋肉隆々の腕を貫った
だからしっかり仕事ができる
だけど運が良けりゃ、誰かが交代してくれる
そしたら働かなくてもいい

神さまは人を試すために酒を作った
誘惑を避けられるかどうか試すため
だけど運が良けりゃ、誰かが誘惑してくれる
そしたらただちに負ければいい

狭い道をまっすぐ歩けと言われるが
運が良けりゃ、自制心もなく大騒ぎ
女は結婚、巣づくり、料理
だけど、運が良けりゃ、捕まらない
ラッキー、自由でいられる

女は優しく働き者
でも運が良けりゃ、逃げられる
神さまに隣人を愛せと言われるが
運が良けりゃ、隣人が来た時
たまたま留守ってこともある

男は子どもを育てる役目がある
ご立派なことではあるけれど
運が良けりゃ、逆もある
子どもが親父を養ってくれる

女遊びは悪いこと
悲しむ女房がかわいそう
だけど運が良けりゃ、見つからない
運が良けりゃ、
女房に知られずうまくいく

名優ホロウェイ演じるこの父は愛すべきダメ男で、彼が作る家庭は、山田わかが理想とした勤勉で生産的な家庭から遠く離れたところにある。彼の住む世界は、規律より欲望を優先させるカーニバルの空間で、そこでは人を分類して型にはめることをしない自由さがある。

実父アルフレッド・ドゥーリトルの世界は、この歌が描写する世界、すなわち秩序はないが解放された「なめらかな空間」であり、新しい父ヒギンズ教授の世界は、上流階級の洗練された美意識に添って身体を自ら律する、「清潔で高邁な」、しかしそれゆえに「条理的な空間」である。「イライザ・ドゥーリトルの憂鬱」と私が呼ぶ立ち位置は、これら二つの世界がせめぎ合う場所にある。彼女はその場所で難しい選択を迫られているはずなのだ。先の歌『運が良けりゃ』には、自己の欲望が社会の規範とは異なることを熟知している、いわば「賢い」個人が存在している。この父は、母や娘を自分の所有物と見なすことはなく、人は独立した単体であると自覚している。彼には、他者を自分の思いどおりに造り変えようという欲望など起こり得ない。ピグマリオンになる可能性がはなからないのである。この男は嘘つきで酒飲みで女好きのろくでなし。しかし彼には、他人を教育しようという驕りはない。そしてこの歌の世界では、独立した単体の自己になるチャンスが、彼と関わる女性たちにも与えられている。イライザの変身はなめらかな空間から条理的な空間への移動を必須とし、それによって彼女が失うものは大きい。

「イライザ・ドゥーリトルの憂鬱」は、それだけではない。造られる側が独立した個人として立つためには、造る側が造り手であることを辞めることが不可欠であり、そのとき、二人がもっていた関係は消滅することになる。

ピグマリオンの物語は、長い時を経ていくつものバリエーションをもち、彫刻家と刻まれる女性像との関係も一つではない。その中に、十八世紀の思想家ジャン゠ジャック・ルソーが書いた『ピグマリオン』の演劇脚本がある。このことは一般的にはあまり知られていないが、その一七六二年の上演では、彫像が、息をする生身の女性に変身するきっかけを、音楽の挿入で表現したことが特異であった。それは、女神の慈悲がきっかけであったそれまでの物語と大きく異なっている。つまり「ミュージカル」という演劇ジャンルの原点とさえ呼べる新しさを備えた脚本だったわけだ。それに加えて、ルソーの『ピグマリオン』には決定的に他と異なる点があった。

ルソー・バージョンでは、呼吸する人間となった女性像は、最初に自分の身体に触れて、それを「私」と呼び、次に、周囲に立つ他の彫刻に触れて「私ではない」と発言する。三番目に触れるのは彫刻家ピグマリオンの身体で、それを彼女は「これも私」という興味深い発言をするのである。このエンディングは、あたかもピグマリオンの恋心が達成されるハッピー・エンディングを踏襲するかのように見せながら、実は微妙にずらしてそれを拒絶するものである。観客は、何が起こったのかすぐには分からず、この意味を持ち帰って考えさせられることになる。造られた女性が、自分を造った男性を自分と同一のものだと認識し、自分が男性の鏡像であると言っているわけで、女性は、形は異なっていても、ピグマリオンと差異化できる個の存在ではないことなる。

このことを指して、作品は芸術家のイマジネーションの内部に留まり、作品は芸術家そのものだと読むこともできよう。しかし、呼吸する身体をもつ女性が、ピグマリオンに正面切って「あなたの願いは叶えられません。なぜなら私はあなたであり、私という個は存在しないからです」と言ったのだと読むと、そこで拒絶された芸術家は、自分の作品を失い、同時に自分の欲動の行き場を失って呆然とするしかない。これは、ルソーの手になるアイロニカルな語りであり、そこにはむしろ「ヒギンズ教授の憂鬱」が強く感じられる。言い換えると、ルソーの戯曲では、女性を所有すべきモノ、そして教育すべきモノとして扱うミソジニーの言説を、一歩ずらして語る別の物語になっており、そこでは父の権力が対象物を失っているとも言える。ルソーは、近代の教育の基礎概念に大きな影響を与えた一連の著作を発表した後にこの戯曲を書いている。ルソーがこの作品で表現したことが、女神という超越者の否定と、父の権威の消去であったと考えると、それは彼の教育思想のあり方と同調していて、納得がいく。ルソーの影響を受けたスウェーデンのフェミニスト、エレン・ケイが『児童の世紀』を書いたのが一九〇九年。わかが、そのケイに心頭して活動を始めるのにさほど時間はかかっていない。その道程で、ルソーが図った父の権力の拒否は、微妙に形を変えている。

六 「賢妻」という新たな指標

山田わかは、嘉吉のために息を吹き返し、ハッピー・エンディングに加担する生き方を選んだ。しかし、嘉吉の死後、彼女の行動の幅は広がり、単に加担するのではなく、率先する立場に移行している。米国訪問の際には、シアトル時代の過去が暴かれることを承知で乗り込んでいく。その三年後の戦時下の欧州視察では、さらに自信に満ちたわかが、困難な状況にあっても動揺することなく、各国の状況に関するレポートを書き続け、親善大使的な視察の仕事をいきいきとこなしている。それは『戦火の世界一周記』というタイトルで一九四二年、太平洋戦争の最中に主婦之友社から出版された。それを読むと、彼女がヒトラーやムッソリーニの「寛容な父」のもとで展開される統制された母性保護を目の当たりにして、自分の心情の正しかったことを確信して帰国した経緯がよく理解できる。戦後のわかの活動は、女性福祉を中心にして続くが、その活動に賛同するものが、彼女の夢想したユートピアを全面的に共有していたとは思えない。

第一章で述べたバーナード・ショーの『ピグマリオン』では、二人の父が登場し、彼らはそれぞれに異なる階層の価値観を具現しており、私はそれをドゥルーズとガタリに倣って「なめらかな空間」と「条理空間」と区別して呼んだ。山田わかは、山田嘉吉という後者の父をもち、その世界を全うすることを自分に課したから、ショーの描くイライザの憂鬱を抱えてはいなかった。それにはわかの生きた時代が大きく関与している。近代化という時代のイニシアティヴが、進化論や優生学の思想とともに世界を席捲した時代である。わかの思想と活動の起点となったエレン・ケイによる『児童の世紀』[21]は、その一世紀前のルソーによるテーゼ「子どもは小さい大人ではない」を発展させた社会教育論であった。山田わかの著作は、児童を保護する母を保護するという大前提のもとに構築された一つの言説として読むことができるのだが、そこではルソーが提唱した自然への回帰は見られない。ケイの青写真に描かれたグローバルな社会主義も、わかにあっては、国家のそしてさらに家庭における規範の構築へと方向性を変えている。

育児を中心として家庭の規範を構築することは、桐野夏生の小説『ハピネス』を掲載した女性誌『ＶＥＲＹ』にとっても重要なトピックである。ライフスタイル、すなわち総合的な消費生活のアドバイザーであるはずのこの雑誌が、福島原発事故以来、社会性と政治性を備えた記事を掲載し始めて話題を集めている。「ＶＥＲＹ白熱教室」と題する一連の記事では、読者である三十代から四十代の若い母親たちに向けて、政治・社会問題を分かりやすく解説したうえで思考を促し、彼女たちの生活と子どもたちの未来が、政治に委ねられている点を強調している。一人ひとりの母親が判断力を持ち、政治に参加し、自分の手で子どもを守るという意識開発が打ち出されてきているのだ。たとえば、「三歳児神話のリアル非リアル」と題した対談（二〇一三年二月号「ＶＥＲＹ白熱教室第七弾」）では、母親ひとりが教えられることには限りがあり、現代の核家族、少子社会においては、子どもは多角的な関係の中で育つほうがよいという意見に着地している。また二〇一四年三月号に掲載された第一〇弾では、「お母さんこそ、改憲の前に知恵！

――今、改憲が実現したら、将来、戦地に行くのは誰？」という歯に衣きせない長いタイトルで広く注目を引き、ファッションから遠く離れたところで、「母」であることの意義と責任を根源的に問うている。これに興味を持って、初めてこの雑誌を買ったという読者が次のような感想を述べている。

同世代の男性からは「北朝鮮が攻めてきたら」とか「中国と戦ったら絶対勝つ」とか、勇ましい話しを聞くことが多いですが、そこには、実際に、銃を持って北朝鮮や中国の兵士と戦わされるのが自分の子どもだというリアル感が欠如しています。戦場に行くのが親父たち自身ならどうぞ勝手に。でも、パパやおじいちゃんが戦地に行くことはありません。もちろん、政治家が行くことは「絶対に」ありません。実際に戦場で戦うのは今の小学生や幼稚園・保育園児、乳児達です。つまり、男性は自分が安全な立場にいることを前提に勇ましいことを居酒屋で宣っているのです。これこそ平和ボケだと思います。（同誌同月号アマゾン・カスタマー・レビュー[22]）

『VERY』による造語「賢妻」は、「良妻」という語の意味が共有できなくなった社会にとって重要な指標になりつつある。前時代的に響く「賢母」を捨てて、「ハンサム・ママ」という言葉で表現される女性たちは、自分の胸に手を置いて「これは私」と確信し、次に他の女性像に手を触れて「これも私」と言う人たちである。彼女たちが共有する「情緒」が、山田わかの提示したものとは形を変えて、しかし同様に連帯する力となって、父の権威の届かない場所で、今、表出してきたように見える。

私は、『イライザ・ドゥーリトルの憂鬱』と題した二章を通して、山田わかの言葉に触れながら女性の問題を考察した。その過程で、イライザ的な憂鬱、すなわち「なめらかな」生き方と「条理的な」生き方のはざまに立ち、後者の生き方を疑う視点を彼女は持っていなかったと結論づけた。しかし、それを指摘することは、わかという女性の一生を矮小化することではない。わかの言葉を、時代後れ《アナクロニズム》として置き去りにするのではなく、そしてもちろん新たな理想として抱くのでもなく、ある日本女性の物語として読んでみる試みを通して、折に触れ、わかの彫像が息を吹き返してこちらに語りかけてくる瞬間に出会ったような気がする。以下の章では、別の分野の研究者が、わかの言葉に触発されて、私たちの今を見つめなおす作業を行っている。

注

(1)『山田わか著作集第五巻——現在婦人の思想とその生活』、三三四頁

(2)この文脈では、植木みどり訳の二作『魔法の玩具店』(河出書房新社、一九八八年)と『ブラック・ヴィーナス』(河出書房新社、二〇〇四年)が必読である。

(3) エッセイ集参照。Angela Carter, *Nothing Sacred: Selected Writings*, Random House, 1987
(4) 拙著、「ファンタジーのポリティクス——Boy's Loveを論じるための理論的基盤に向けて」日本映画大学紀要、第一号　二〇一五年三月、一一〜二六頁。
(5) マルキ・ド・サドの作品『ジュスティーヌ』の書き換えをした作品で、カーターはこの点を明らかにしている。*The Sadian Woman*, Virago, 2006
(6) アンジェラ・カーター、富士川善之訳『血染めの部屋——大人のための幻想童話』ちくま文庫、一九九九年。
(7) 山田わか「情緒の人アンデルセン翁について」、愛国婦人十二月号、大正十四年第五二四号、愛国婦人会機関、二二一〜二二九頁。
(8) 山田わかのファシズムへの傾倒は、「母性保護」に基づいた「強い国家」の構築という目的意識のもとに、独伊への視察を契機として強まっている。『戦火の世界一周記』女性文献資料叢書十四巻『女と戦争』、大空社、一九九二年（初版、主婦之友社、一九四二年）。
(9) 山田わか、『社会に額づく女』耕文堂、一九二〇年。
(10) 同書、三五四頁。
(11) 同書、三五六〜三五七頁。
(12) ジュリア・クリステヴァ、枝川昌雄訳『恐怖の権力——「アブジェクシオン」試論』法政大学出版局、一九八四年。
(13) 杉浦由美子、『ママの世界はいつも戦争』ベスト新書、二〇一三年。
(14) 九木元美琴、小泉諒共著「東京都心湾岸再開発地におけるホワイトカラー共働き世帯の保育サービス選択——江東区豊洲地区を事例として」経済地理学年報第五九巻、二〇一三年、三二八〜三四三頁。

(15) ジル・ドゥルーズ、フェリックス・ガタリ共著『千のプラトー――資本主義と分裂症』宇野邦一他訳、河出書房新社、一九九四年。『千のプラトー』は、リゾーム及びノーマドロジーという空間の思想を提示したことで画期的な著作である。

(16) 内田隆三「ペリフェリーの社会学――ニュータウンの光景と深度」小林康夫、船曳建夫編『新・知の技法』東京大学出版会、一九九八年、四九～八四頁。

(17) 桐野夏生「上品な九龍城砦のように――母たちを閉じ込めないで」朝日新聞出版『アエラ』二〇一三年五月号。

(18) 育児に積極的に取り組む男性を「イク（育）メン」と呼んで肯定的に語る一方で、職場でも育児の場でも、育児中の女性に対するまなざしは概して厳しい。

(19) ちなみに西欧では七歳までに人格形成がなされるという見方が主流で、一九六四年に七歳であった十四人の英国人を七年毎に追うドキュメンタリー（*The Up Series*, Granada Television）が製作され、今も進行中である。三歳児神話批判は、以下に詳しい。小沢牧子「三歳児神話と母性イデオロギー――乳幼児政策と母子関係心理学――つくられる母性意識の点検を軸に」天野正子他編、新編日本のフェミニズム五『母性』岩波書店、二〇〇九年。

(20) 山田、前掲『社会に額づく女』、三二二頁。

(21) エレン・ケイ、小野寺信、小野寺百合子共訳、『児童の世紀』富山房、一九七九年。また、本田和子は二十世紀を振り返って、エレン・ケイの主張が日本の育児の現場でどう展開されたかを中心に検証している。「〈児童の世紀〉を振り返る」『幼児の教育』、日本幼稚園協会、一九九七年五月～二〇〇〇年三月、十八回連載。

(22) 二〇一四年二月一四日付け、投稿者ぽんきち。本文を短縮しているが、内容に忠実であることを心した。

第三章　女性の商品化と越境——出会いの地アメリカ

纓坂　英子

一　前身を秘めよ

山田わかの夫、山田嘉吉は「前身を秘めよ」とわかに約束させた。「前身」とは、わかがアメリカで「アラビヤお八重」と呼ばれた白人相手の娼婦だった若いときのことである。わかは嘉吉との約束を守り、一九〇六年（明治三十九年）、日本に帰国して以来、アメリカ時代の自分の娼婦としての過去について沈黙を守り続けた。

山崎朋子の『あめゆきさんの歌』[1]の記述によれば、わかは横浜で仕事を求めていたときに娼妓の斡旋を生業とする女衒に騙され、一八九六年（明治二九年）頃、横浜から出港してアメリカに渡り、すぐにシアトルの娼館で働かされた。そんな中、わかはシアトルで出会った新聞記者の立井信三郎と結婚の約束をして二人でシアトルを逃れ、サンフランシスコに移った。逃避行の末、二人は経済的に行き詰まり、サンフランシスコにたどり着いたとき、立井はわかを娼館で働かせて生活を立て直そうとした。それを知ったわかは立井に何も知らせず、娼婦の保護と教育をしていたキリスト教系の団体キャメロン・ハウスに身を寄せた。わかは脱出したはずの娼館に自分を戻そうとした立井の愛情に確信がもてないばかりか、どんなに懇願されても二度と立井に会おうとしなかったのは、立井に対する不信と怒りと人生を生き直す決意がそうさせたのだろう。

キャメロン・ハウスで生活しながら、わかは山田嘉吉主宰の英語塾に入り、やがて二人は結婚した。最初の夫との離別、娼婦としての経験、立井の裏切りがあっても、わかは男性に失望したわけではなかった。嘉吉とわかは裕福ではないが幸せな生活を送った。しかし一九〇五（明治三八）年のサンフランシスコ大地震で突然、生活の基盤を失い、やむなく二人は日本に帰国することを決断した。わかは日本で小学校しか出ていなかったが、帰国後、彼女自身の努力と嘉吉の指導の甲斐あって、アメリカ帰りの学識のあるエリート女性評論家として講演や執筆活動を始めるまでになった。同時にわかは嘉吉の主宰する勉強会に参加しながら、苦しむ女性の相談に乗り、自宅でできる限りの援助をそうした女性たちに行った。

ウェブスターの『あしながおじさん』(2)は、文才があり学業成績のよかった孤児ジュディが、孤児院の評議員の援助を受けて女子大に進学し、勉学の価値を見出しただけでなく、教養やたしなみを身につけ、やがて援助者の妻になるという物語である。わかと嘉吉の関係は、この物語の「孤児」を「娼婦」に置き換えれば、よく理解できるだろう。嘉吉のもとでわかも勉学に喜びを見出し、教養ある女性としての指導を受けた。孤児や娼婦のような出自の女性が学問や教養を身につけるとすれば、他者の援助なしには成し遂げられない。援助する側も相手が支援するにふさわしいか、妻にするのにふさわしいか何度もふるいにかけたはずである。ジュディは援助者の評議員を「おじさま（Daddy Long Legs）」と呼んで手紙を書いたが、わかは学問の師であり夫である嘉吉を、子どもがいないにもかかわらず「お父さん」と呼んだ。故郷から切り離されたわかが、夫は自分を保護する存在であり、家族のような心のよりどころを求める心情が、そう呼ばせたのかもしれない。

わかはアメリカ時代の自分が何をしていたのかを、人に語ることにこだわりはなかったように思われる。対照的に夫の嘉吉は、わかがアメリカでの過去を他言することを好まなかった。「私は構わないんだけれど、お父さん（嘉吉）が厭がるから、私は誰にも話さないのよ。だから、誰にも言わないでね」と、わかは念を押して平塚らいてうに自分がアメリカで苦界に身を沈めていた過去を打ち明けた。そのことを後日、市川房枝は山崎朋子のインタビューでこのように答えた[3]。

1937年12月7日、エレノア・ルーズベルトと懇談のため米国ホワイトハウスを訪れたときのわか

確かにわか自身によるアメリカ時代を記述した文章は、非常に少ない。嘉吉は二十一年間のアメリカ生活の中で娼婦だった女性が世間にどのように扱われてきたかを知っていたに違いない。それゆえ帰国後、嘉吉は、これまでのテストに合格した愛弟子であり妻となったわかが差別されるのを恐れ、わかの将来を憂いて前身を秘めよと約束さ

せたのだろう。また嘉吉のキリスト者としての信条が、娼婦という前歴を罪悪として捉えたのかもしれない。

わかは夫の生前には約束を堅く守り、自分の「前身」を公にすることはなかった。しかしわか自身は、平塚らいてうに語ったように、夫が望むのであれば過去を他言しないが、自分の過去に嘉吉ほど強いこだわりをもっていなかったようすである。嘉吉の死後、主婦之友社から遣米使節の依頼を受けたアメリカでのわかの行動が、それを示唆している。

二　わかの前身

一九三七年（昭和十二年）十月十四日、わかは竜田丸で横浜から出港し、サンフランシスコに到着した。この訪米で彼女はアメリカの婦人と親善を深めるとともに、在米の日系人を慰問する役割を引き受けていた。最初の訪問地サンフランシスコに到着したとき、わかはアメリカの婦人団体や日本人会を親善行事などの合間にキャメロン・ハウスを私的に訪問している。キャメロン・ハウスは娼館で働かされていたおもに中国人の若い女性たちを救出して保護し、更生させるスコットランド系長老教会によって運営された施設で、その三代目の主任がキャメロン女史だった。わか自身も、かつての夫だった立井信三郎によってサンフランシスコの娼館で働かされる前日に、救いを求めて駆け込んだ過去があった。

山崎は『主婦之友』十二月号に掲載された「主婦之友遣米使節通信第二信」を引用しながら、わかがサンフランシスコのサクラメント街とドナルティナ・キャメロン女史の名を具体的に記した最初にして最後だったことを指摘した。(4) この時期、彼女はもちろん無名の女性ではなく、アメリカ帰りの評論家として日本で広く知られる存在だった。それにもかかわらず、自分の過去を知るキャメロン・ハウスを訪ねたのはなぜだろう。キャメロン・ハウスで自分がかつて過ごしたことを人に知られてもかまわないという彼女の意思表示だったのだろうか。そして、このようなおおらかさはどこから由来するのだろうか。

山田嘉吉は二十一年間の長きに亘りアメリカ生活を送ったが、わかはシアトルの娼館と立井信三郎との逃避行、サンフランシスコのキャメロン・ハウス、そして嘉吉との新婚生活の期間をあわせてアメリカにいたのは九年間だった。しかしそのアメリカでの生活で娼館やキャメロン・ハウス以外で普通の社会生活を送ったのは、わずかに嘉吉との新婚生活期間だけである。嘉吉は二十余年にわたるアメリカ暮らしの中で、アメリカ社会の価値基準や行動規範を内面化していたため、わかが娼婦だったことで、アメリカだけでなく日本に帰国してからも身持ちが悪い道徳性の低い女性だと差別されることを危惧したのではないだろうか。

山田わかの内面には、江戸時代の家父長的な家族制度に根ざした戸主である長男が財産と家族に対する強い統率権をもつ明治の日本の家族制度の規範が刷り込まれていたと思われる。戦前の日本では縁談や身の振り方のような重大事だけでなく、日常のさまざまな場面で、家族に対して戸主は大きな権限を持っていた。そして家の構成員である家族一人ひとりも、家を支えるために戸主を助け従った。騙されたとはいえ、自分の貞操を金銭で買われ異国に渡ったとしても、むしろそれは孝行のためだったと、わかは過去を恥じていなかったのかもしれない。しかしわかは夫の助言に従って「尊敬される女性」として振る舞った。夫の死後、日本で封印した過去のあるアメリカでキャメロン・ハウスを訪れたのは、キャメロン女史への謝意を伝えるだけでなく、かつての保護される立場から保護する立場となった自分の姿を見せたかったからなのかもしれない。

山崎は、一九三八（昭和十三）年に発行されたサンフランシスコの邦字新聞にわかの半生が綴られた『アラビヤお八重出世物語――山田わか女史の前身』という連載の存在を確認した。この連載はわかの訪米に時期をあわせて、アメリカで社会主義者の拠点となった平民社サンフランシスコ支部を創設した岡繁樹によって書かれた。彼は誌面で、わかの前身を暴露した非礼をわびながらも、一度道を誤った者でも、彼女同様に偉い人物になれるという手本を示し、暗黒に身を落としている人に反省の機会を与えたいと述べた。彼は青年時代、娼妓の自由廃業運動に加担していたのである。(5)

三　尊敬と侮蔑

日本と同様に、十九世紀のアメリカでは女性が自立して生きようとする場合にも、貧困のために家族を養わなければならないときでも、女性の職業選択が限られていた。ほとんどの女性は教師や医師、宣教師など女性にも門戸を開いていた専門職に就ける特技も教育もない。このような女性が就くことのできる仕事は、裁縫の仕事か家事手伝いがせいぜいであり、女性が一人で生きるとすれば、自分を養うのが精一杯だったに違いない。ところが売春婦はたった一晩でお針子や家事手伝いの一週間から数週間分の収入を入手できた(6)。

十九世紀の女性像は、社会から「尊敬される」女性とその反対に人間としての徳を失った「堕落した」女性の二タイプに分けられた。「尊敬される」女性は仕事に忙しい男性に代わって家庭と社会を支える存在で、いわゆる良妻賢母を指した。他方、「堕落した」女性は不道徳で、悪魔に魅入られた売春婦を意味したのである。そして前者は聖母マリア、後者は楽園を追われたイブに象徴され、女性を二分法的に類型化した。周知のように聖母マリアは清らかで聖なる存在としてイメージされている。それに対してイブは創造主によってアダムの肋骨から創られ、蛇の誘惑に乗りアダムをそそのかし知恵の実を食べて楽園を追放され、原罪を背負うこととなった。そのため肉体的にも精神的にも男性より劣位で、男を誘惑して堕落させる悪い女の象徴と見なされたのである(7)。

「尊敬される」女性と「堕落した」女性の分類は、マーガレット・ミッチェルの『風と共に去りぬ（*Gone with the Wind*）(8)』にも描かれている。貞淑で優しく夫を支えるメラニー・ハミルトンは「尊敬される」女性であり、対照的に娼館の主人ベル・ワットリングは子どもを一人で養育しながら学費を捻出し、南部のために寄付を重ねているにもかかわらず、「尊敬される」女性がじかに声をかけることもない「堕落した」女性として描かれた。このように女性を類型化することは、十九世紀の社会から現代にも続いている。例えば一九九〇年（平成二年）に公開された『プリティ・ウーマン[9]』と二〇〇〇年（平成十二年）に公開された『エリン・ブロコビッチ[10]』がそうである。どちらもジュリア・ロバーツの主演映画であるが、前者はビビアンという売春婦がハンサムで資産家の成功した男性と一週間の契約を結ぶ。後者はシングルマザーでお金も教養もなく、露出度の高い服を着た女性として描かれている。その両者とも当初は「評判の悪い」女性だったが、前者は主人公と結婚するシンデレラストーリーに帰結し、後者は八方ふさがりの状況から誠実な努力によって道が開けたシングルマザーである。ビビアンもエリンも映画では、男性の手を借りることによって、自分自身を「堕落した」女性から「尊敬される」女性に移行させることに成功した。女性は男性という他者からの尊敬と蔑視によって類型化されるが、その類型から脱出するにも、自力ではなく男性の庇護が不可欠であることをこれらの映画は示唆している。

売春婦は若いときにしか稼ぐことができないが、時には廃業した売春婦が「尊敬される女性」になることもあった。当時は「尊敬される」女性と「堕落した」女性の境界が曖昧だった。そのため十九世紀頃のアメリカ西部では社会の変動が激しく、前歴を隠して結婚したり、社会貢献したりすることによって「堕落した」女性が実際のところ「尊敬される」女性に変わることもできたのである[11]。わかが助けを求めて駆け込んだサンフランシスコのキャメロン・ハウスも、娼館で働かされて若い女性たちを保護し、「堕落した」女性を更生させる役割を担っていた。

前述したように西欧世界では、娼婦は身持ちの悪い女としての烙印を押されていた。彼女たちは生きていくためのすべを見付けられず、貧しさゆえに娼婦となったが、それは自分の意志で娼婦になることを選んだと見なされただけでなく、道徳性の低い女性と見下げられた。そして嘉吉やわかが生きた十九世紀末のアメリカでも、売春婦という言葉はタブーとされ、「不道徳的な悪魔」として排斥された。しかしその当時のアメリカは、西部開拓やゴールドラッシュのためにアメリカ国内だけでなく海外からも多くの独身男性がアメリカ西部に次つぎと集まり、そのような男性を追うようにたくさんの娼婦たちもアメリカ国内をはじめ中国からも流入し、ビジネスとして売春が盛んになったことも事実である。その時期、アメリカでは娼婦への反感が中国人排斥運動と結びつき、中国人娼婦はアメリカへの入国を禁止され、そしてそれとほぼ同時期に日本人排斥運動に波及した。

日本は江戸時代にはすでに人身売買は禁じられていた。しかし年季奉公の普及とともに、売春行為をする若い女性も、遊女奉公人として見なされた。生活に困窮したとき、家長は娘を売った。口べらしや借金の片のために貧しい農民、没落した商家や下級武士の娘たちが、身売りをして苦界に沈んでいった。しかしこれは人身売買であるにもかかわらず、家のために親孝行した娘として評価されたのである。日本で若い娘が身を売ることは、西洋世界のように人間以下の烙印を押されて生きることを必ずしも意味しなかった。そればかりか身売りされた娘は、娼妓となったあとに身請けされて結婚することも珍しくなかったのである。つまり娼妓としての前歴が西洋世界のように普通の結婚を阻む大きな要因にはならなかったばかりでなく、倫理的に劣る存在として迫害されることもこの時代にはほとんどなかった。日本は親兄弟が前借金というわずかな収入を手に入れるために娘が身売りすることを孝行として賞揚する社会であり、娼妓と妻の境界は緩やかな連続だった。例えば明治維新の高官だった木戸孝允や伊藤博文の妻が娼妓の出身であったことは、よく知られていたことである。

四　女性の商品化

専門技術やしっかりとした後ろ盾を持たない女性が自立して生きるためには、何か仕事にありつく必要があった。貧困層に属し、家族を養う役割を背負った女性の多くは、十九世紀後半の工業化された社会の到来にともない日本でも女工の仕事に就くことができれば上等だった。当時の日本では、小学校を卒業すると女工として数年間の年季奉公をし、その際、戸主には幾ばくかの金銭が支払われた。

一九八三（昭和五十八）年四月にＮＨＫで放映された「おしん」[12]は、テレビドラマとしての最高視聴率を（ビデオリサーチ社の統計）記録し、世界六十八の国と地域で放送された。このドラマはおしんが奉公先で苦労を重ねながらも成長し、やがて大きな成功と幸せを摑むというものである。

明治末、山形の寒村におしんは生まれ、小学校に入学する前に子守の年季奉公に出された。当時の貧しい家庭を象徴するように、おしんの母親は温泉町で酌婦として働き、姉は製糸工場に奉公に出たが肺結核を患ったために家に戻されて死を迎える。子守の年季奉公、酌婦、女工は貧しい境遇に生きた女性たちの人生のバリエーションの一つといえるのではないだろうか。

村の財産家の一軒であったわかの実家の窮状ぶりは、『社会に額づく女』[13]に記されている。また『婦人と新社会』一一五号[14]でわかは、窮迫した実家を支えようとした兄の苦悩や焦燥ぶりに、兄への援助を心に決めたことを披瀝《ひれき》した。しかし確かにわかの実家の生活は苦しかったのかもしれないが、おしんのような貧農の口べらしのために奉公に出されたわけではない。わかの実家は傾いたとはいえ名主であり、彼女の嫁ぎ先も生活に困っていなかった。わかは窮状にあった実家を存続させるため、まとまった額のお金を必要としたのである。

わかは最初の夫と離婚してまでも実家の窮状を救う覚悟をして、横須賀から横浜まで職探しに出てきた。明治期、地方の女性たちが都市に仕事を探しにきた場合、女中や仲居、芸者などの奉公口は桂庵で周旋されるが、実際には売春を強要するところがほとんどだったという[15]。桂庵とは人を雇い入れる斡旋業者のことをいうが、別名「口入れ屋」とも呼ばれた。若い女性たちが身を売る理由のほとんどは貧困や親・兄弟の病気のためで、わかのように家を守るという理由の女性は少なかった。彼女たちは守るべき家などなく、ただ生存のために自分の身体を商品とした。それに対してわかは、家の体面を守るために金銭を必要とした。しかもわかは口べらしのために仕方なく身体を売る仕事に就いたのではなく、騙されてこの仕事に就かされたのだった。

嶽本新奈[16]が指摘したように、海外に出稼ぎに行く日本人の女性は、「底辺の女性史」として研究されている例が多い。このような女性たちは、他の職業に比較して虐げられた存在と見なされていたが、出稼ぎの経緯や経験は一括りにできない。山崎朋子による『サンダカン八番娼館』や森崎和江の『からゆきさん』に描かれた娼妓たちは、風俗習慣が異なり、日本語の通じない環境で自分の性を安いお金で売って異国で生きた。山崎は『サンダカン八番娼館』の中で、海外で異国人を相手にした「からゆきさん」が最も悲惨な存在であると述べている[17]。しかし倉橋直樹[18]は山崎や森崎の仕事を評価しながらも、からゆきさんの悲惨さが強調されるあまり、記述が客観性に欠けていると指摘した。確かにからゆきさんや、わかのようなあめゆきさんは、騙されて異国に売られ、自分の性を商品とすることを強いられた「かわいそうな」女性としての側面が強調されている。江戸から明治期には家庭が貧窮すれば、親は娼妓だけでなく、女工や子守りなどの奉公に娘を出すことによって、つまり娘を売ることがあたりまえのことで、娘にはそれは親孝行だと教え込まれていた。親や近親に売られた若い娘は、親孝行であると世間から見なさていたのだろうか。若い女性が売られて海外に出されていたことへの明治政府の欺瞞的な見解を、嶽本[19]はつぎのように指摘している。明治政府は売買春を否定しながらも、倫理的判断があやふやなまま、女性の人身売買的側面に目をつぶり、本人の同意のうえであるならば「救貧」のため公許するものとしていた。

わかの著作集『恋愛の社会的意義』[20]では、わかが実家のためにお金を工面しようと、横浜で割のよい仕事を探し歩いていたとき、「アメリカにいて確実に地位を固めた日本人成功者の婦人」が、アメリカの景気のよさや日本人でもできる仕事がたくさんあること、さらに小間使いでもアメリカでは日本の数倍の給料を取ることができることなどを語ったことが書かれている。「亜米利加帰りの婦人」は、わかの胸中を見すかしたかのように「一、二年、亜米利加にいれば大金持ちとなり、親御さんに孝行ができる」といい、紹介状をもたせた。果たしてわかが希望と不安を胸にアメリカに入国すると、港で待ち受けていた女衒の手にかかり、彼女はシアトルの娼館に売られてしまったのである。

森崎の『からゆきさん』[21]にも、明治初期以降、女性もからゆきさんの手引きをする密航斡旋業に携わっていたと書かれている。女性が単身で国外に渡航することが難しい時代、娘たちを出国させることを生業とした人びとがいた。からゆきさんと呼ばれた女性が日本から出国するまでの一時的な逗留場所を提供する仕事があったのだ。森崎の調べたところによれば、そのような仕事に携わった女性たちは普段は、髪結い、お針の師匠、下宿屋のおかみ、（当時の）看護婦、産婆のような手に職をもつ女性だけでなく、女工までもがからゆきさんの手引きをしていた。そして、このような娘たちに乗船出国させるまでの一次的な逗留場所を提供したのである。若い女性を騙して誘い出し、日本から連れ出したら、一人いくらで、親方から手数料が入る仕組みがあったのである。[22]

明治期に横浜で醜業婦誘拐者として有名だった米山という男は、わかがアメリカ帰りの女性に騙されたのと同じように、若い女性にアメリカで洋裁を習わせてやるという巧みな嘘をついて、アメリカ行きの船に乗せた。当時は洋裁の勉強にアメリカに渡った女性が多かったという。売娼の実態を調べた吉見周子は、日本の海外発展が醜業婦から始まると指摘した。海外に売られた若い女性たちは、親権者にお金を払って買われたのではなく、騙されたり誘拐されて海を渡らされたりした者たちであると指摘している。わかを含めて海外に出された女性たちは、旅費と雑費を除けば、親権者に支払うような元手はかかっていない。そして彼女たちは海を渡り売春を強要されたとき、初めて騙されたことを悟る。逃げようにも外は見たこともない建物の建ち並ぶ外国である。そこでは言葉は通じず、逃げる手段も頼る人もない。

しかし森崎によると、他者からそそのかされたとはいえ、自発的に海外に渡り働いた女性もいた。海外に渡航して経済的に「成功」した女性たちが着飾って帰国し、故郷に家を新築することで、女子の羨望を煽ったことも事実だった。「成功」した女性は娼館の経営者や元娼婦だった女性がほとんどだった。上等の装いの成功者は、苦行のような仕事も二、三年程度我慢して乗り越えれば、美しい着物と舶来品も手に入る。そして何よりも故郷に送金できるだけでなく、実家の新築もできると若い女性をそそのかしたのである。

五　アメリカの娼館

工藤美代子が書いた『カナダ遊技楼に降る雪は』[23]には、明治期、アメリカを経由してカナダのバンクーバーで身体を売って働く日本人女性のようすが詳しく描かれている。そこからわかのアメリカでの日常を追ってみることにする。

アメリカ行きの船に乗船するのは横浜である。横浜には娼婦を送り出すのを専門にする男たちがいて、彼らは表面上、旅館の経営などをしていたが、裏では娼婦たちの出国手続きを代行したという。無事に乗船したならば、そこからは女性の世話を、船のボーイや商用で渡航する男がアルバイトで請け負う場合が少なくなかった。別の場合は娼婦をとりしきり、身の回りの世話をするピンプ（嬪夫）と呼ばれる男性が、日本に帰国して、まるで商品のように女性を仕入れて海を渡った。ピンプとはアメリカ西部にいた日本人売春婦を食い物にするヒモのことで、日米新聞の記者・川崎己之太郎の造語だという指摘もあった[24]。

当時のアメリカ行きの太平洋航路の船は、サンフランシスコかシアトルに到着した。わかがアメリカに上陸したとき、彼女を待っていた男性もおそらくピンプだったと思われる。

娼妓たちは六～八年程度、娼館で働いたという。そして病気や暴力、飢えで衰弱し、客を取ることができなくなったら、救世軍や病院、街路に逃げることが許された。しかし衰弱した女性たちはだいたい半年以内に亡くなるのが普通だったという。過酷な環境におかれたとはいえ、わかが命を落とさずに済んだのは、身体が丈夫だったことや娼妓として働いた期間が短かったことが、幸いしたのだろう。

わかがいた頃のシアトルはゴールドラッシュに沸き、キングストリートに歓楽街があった。現在は時計の塔のある煉瓦造りのキングストリート駅があり、アムトラックの発着地であり、観光の拠点として賑わっている。シアトルの娼婦たちはアパート住まいをしながら、ピンクカーテンと呼ばれるホテル（娼館）に夕方になると出勤した。当時はキングストリートにはユーレカハウス、イースタンホテル、ヨコハマハウス、ダイアモンドハウス、そしてわかが働いていたアロハハウスがあり、どれも白人専用の娼館だった。騙されて渡航して娼婦となった女性たちのほとんどは、ピンプに従順だったという。わかたち日本人娼妓は、シアトルのアパートからホテルまで出勤していたのだから、逃亡するチャンスがまったくなかったわけではない。しかし彼女たちが逃亡するにしても英語が話せず、パスポートもない、自分の身の上を話すことも、自分の存在を証明することもできなかったのである。またピンプたちは日本人娼妓の健康管理と賄いをするだけでなく、時には悩みを聞くなど話し相手にもなったという。日本人娼妓にとっては自分たちの味方ではなく監視役であり、時には非情な仕打ちをもしたと思われるピンプに心を許しているのは、ストックホルム症候群に類することが起きていたのかもしれない。ストックホルム症候群とは、監禁や誘拐のような事件の犯人とその被害者が長い時間を同じ空間で過ごすことにより、被害者が犯人に対して同情や好意等をもつことをさす。異郷にあって、自分たちの味方ではないピンプに娼妓たちが従順だったばかりか、逃げようとしなかったのは、このような理由もあったのかもしれない。

わかは「前身を秘めよ」という嘉吉の言葉には従ったが、自分の前身を特別に隠すことはなかった。それはわかが身体を売って生きたことはモラルからの逸脱ではなく、実家を支えるための切実な思いに起因したものであるからなのだ。

六　海外からのお土産

わかは著書[25]で在米の日本人青年が「太平洋を渡ることはあたかも地獄の底でも通る事」のようであり、「人間界の出来事のうちでも最も悲壮なことであるか」と演説したことを取り上げた。これらは当時のアメリカへの船旅が困難を極めたことを物語るものであるが、苦難の末に渡米したことばかり強調する声が聞こえないようになったことが喜ばしいだけでなく、若い婦人の渡米者の増加を注目に値することだと述べた。

わかはこれから海外に行く人たちに対して、海外へ行かなければ得られないお土産をもって帰国して欲しいと注文している。それは大金を使って入手するものでもなく、海外の社会の表層の現象だけを追うのでもなく、その現象の原因となるものを観察することの重要性を指した。留学だけでなく海外への観光旅行であっても表面から観察可能な人びとの行動や社会、街並、建築、芸術、学問など、目に見えるものがすべてではない。また異国の言語に堪能になることだけでなく、言語を道具にして学問や思想、社会規範や価値基準などを理解しようとすることの重要性を訴えていた。このわかのメッセージは愛国に根ざしたものではあるが、わか自身の生き方を暗に示しているものとも思われる。

当時のほとんどの日本女性の渡米は、結婚と留学に大別される。

その当時、移民に嫁す女性は、相手に一度も会うことなく、写真と文通だけで結婚を決意した写真花嫁だった。多くの写真花嫁は、日本で嫁ぐのと同じように親の決めた相手に嫁ぐ、結婚とはそんなものだろうと渡米した。例えば、広島から写真花嫁として日本人移民に嫁いだ日本人女性は、「私の両親の元に遠くハワイから若い男がやってきました。彼は私に若くて黒いスーツを着こなした男性の写真を見せると、結婚の話を持ち出しました。(中略)結婚の話について私たちと家族が合意した時点で、私の戸籍謄本に婚姻届の手続きがなされました。親が子どもの結婚を決めることは日本の習慣だったので、私はその当時、自分の結婚がこうして決められることに何の疑問もありませんでした」と回想した。このような経緯で結婚のために渡米した日本人女性たちは、夫に従い、アメリカで教育を受ける機会もほとんどなく働き、子どもを育てた。[26]

女性の留学生はアメリカで何を摑んで日本に帰国したのだろうか。日本で最初に女性がアメリカ留学したのは、一八七一(明治四)年、横浜港から右大臣・岩倉具視を特命全権大使とした遣外使節団の一行とともに出発した留学生五八名の中の五名だった。六歳から十四歳までの女子留学生たちはアメリカで教育を受けるために北海道開拓使の募集に応募し、選ばれた士族の子女である。最年少の六歳の津田梅子はのちに女子英語塾（津田塾大学の前身）を開き、女子教育に力を注ぐことになる。アメリカ留学の最初の一年目で二人の少女は体調を崩し帰国の途に就いた。その後一八八一（明治十四）年に永井繁子が帰国し、翌年の一八八二（明治十五）年に津田梅子と山川捨松が続いて帰国した。この時期はまだ大日本帝国憲法が制定される前で、日本に近代国家が形成されて間もなかった。日本は国のシステムを西洋に倣って新しく設置するために男性の留学経験者が活躍する場が豊富にあっても、女性が活躍する環境はほとんどなかった。そのためわかのいうところの「海外へ行かなければ得られないお土産」を十分に活かすことができなかった。永井繁子と山川捨松は自分が受けた教育の成果を発揮することなく結婚してしまった。津田梅子だけはアメリカに再留学し、日本で女子の英語教育に尽力したが、終生、当時の日本に適応するのが難しかった。

七　エリート女性たち

宮本百合子は早熟な才能を発揮して学生時代から作家活動を始めた。原口鶴子、高良とみ（和田富子）は、当時の女性としては珍しいほどの高学歴の女性だった。百合子は母校という帰属感をもつ前に大学に通学をしなくなったが、三人は日本女子大学に在籍した女性たちである。

『貧しき人々の群』を東京女子師範学校付高等女学校（現在のお茶の水女子大学付属高等学校）在学中の十七歳のときに中央公論に発表した中條《ちゅうじょう》百合子（のちの宮本百合子）は、天才少女の名をほしいままにした。彼女は日本共産党の委員長だった宮本顕治の妻としても知られているが、一九一八年（大正七年）、十九歳のときに実父で建築家の中條精一郎とともにアメリカに渡り、コロンビア大学の聴講生となった。百合子が執筆した自伝的小説『伸子』[27]には、主人公伸子の勉学の様子よりも、コロンビア大学で出会った夫である荒木茂のモデルだった佃との恋愛やニューヨーク在住の日本人との交際のようすが描かれている。

その後、百合子はアメリカで結婚した夫との約六年の結婚生活を解消した。そしてパートナーだった湯浅芳子と一九二七（昭和二）年にソビエトに滞在し、共産主義思想を学んだ。その後、芳子とともに百合子は一九三〇（昭和五）年に帰国し、プロレタリア文学運動に参加し、芳子を捨てて共産党員の宮本顕治と結婚した。百合子自身も検挙されたが、検挙と服役を繰り返した夫の顕治を支援し、自分の半生を小説にしながら、共産党の文芸運動や婦人運動にも参加した。

宮本百合子　『昭和文学全集８巻』（角川書店）より

第一次世界大戦後のコロンビア大学では、ジョン・デューイが哲学の教授として研究と教育活動を行っていた。またコロンビア大学では、マッキンキャッテル以来、機能心理学研究の中心のひとつで、心理学者ソーンダイク、ウッドワースらも在職した[28]。百合子がコロンビア大学で聴講生だった六年ほど前の一九一二（大正元）年に、彼女と同じ日本女子大学出身の新井鶴子（のちの原口鶴子）は、ソーンダイクのもとで博士号を取得した。彼女は日本人女性初の博士号取得者だった。彼女はアメリカで結婚した日本人留学生原口竹二郎とともに帰国し、母校の日本女子大学で講義をし、心理学実験室設立に尽力したが、一九一五（大正四）年に肺結核のため亡くなった。そのとき鶴子の葬儀に立ち合ったのは和田富子である。

和田富子（のちの高良とみ）は、百合子や鶴子と同じ日本女子大学に学んだ。百合子は入学してすぐの夏休みにアメリカに渡ったが、富子は卒業後、鶴子と同じコロンビア大学とジョンズ・ホプキンス大学で心理学を学び、博士号を取得後に帰国し、のちに母校の教壇に立った。百合子の自伝的小説『伸子』[29]の中で、専門学校時代の伸子の先輩で、C大学で教育心理学を専攻している安川冬子として登場する人物はおそらく富子だと思われる。彼女は精神科医高良武久と結婚し、研究活動だけでなく、女

原口鶴子　『原口鶴子』荻野いずみ編著（銀河書房）より

高良とみ　『時事世界』昭和28年3月号（時事世界社刊）より

性運動にも参加した。日本女子大学のホームページにある「時代を切り拓く卒業生」(30)によれば、富子はアメリカ留学中にオーストリアの首都ウィーンで開催された第三回婦人国際平和自由連盟大会に参加した。この団体はまだ第一次世界大戦が続いていたヨーロッパで、一九一五（大正四）年、平和な世界を希求する女性たちがオランダのハーグに会した世界で最初の平和団体で、平和活動だけでなく、女性の権利・人権的正義、経済的公正の実現などあらゆる形態の暴力を廃絶を標榜した。まだ第一次世界大戦の荒廃が残るヨーロッパで、彼女は平和運動に積極的に参加した。一九四〇（昭和十五）年に結成された大政翼賛会に富子は入会し、中央協力会議婦人代表を務めた。富子は銃後の守りを固め、勤労にいそしみ、資源を節約するのは婦人の務めであるとし、若い者に国難に殉ずる覚悟をさせて、強い決心を以て立ち上がらせるのは母の務めであると述べた。やがて彼女は自分の主張が国家に利用されていることを自覚するに至り、一九四二（昭和十七）年、まだ日本の戦況が優勢だった時期に日本女子大学を辞し、大政翼賛会からも離脱した。

戦後の一九四七（昭和二十二）年、富子は第一回参議院議員普通選挙に当選し、二期の任期を務め、国会議員としてソビエトを訪問したことでも知られている。

わか、百合子、鶴子、そして富子は日本人の夫をともないアメリカから帰国した女性エリートとして世間から知られていた。明治期に北海道開拓使の募集に応じてアメリカで教育を受けた少女たちとは異なり、結婚をしても社会で活動することを止めなかった。百合子、鶴子、富子は日本女子大学で教育を受けた当時としても高学歴な女性だったうえに、実家の資産と理解のある家族の支えのもとでアメリカ留学を果たした。日米間の言語や習慣の差異のためにてアメリカでの適応に大きな努力を要したはずであるし、女性で東洋人というマイノリティのハンディもあったにもかかわらず、日本にいるよりも活発にアメリカ生活を送った。彼女たちは、わかのように女に学問は必要ないと両親が判断し、しかしそれは当時の普通の考え方であったが、哀願しても義務教育機関である尋常小学校よりも上の学校に進学させてもらえず、農業と農閑期に裁縫を習うだけの生活の悲しみを知るよしもなかっただろう。

経済的に窮地にある実家で学問を断念し、娼婦としてはわかとケンブリッジ大学に留学した著名な建築家を父に持ち遊学した百合子の「アメリカ」は異なる。百合子はわかのように夫とともにアメリカからの「お土産」を持ち帰ったのではなく、湯浅芳子とソビエトから知識や思想の「お土産」を持ち帰ったのである。

鶴子はアメリカからの「お土産」を活かすことが期待されていたもかかわらず、若くして病死した。わかは社会学を学んだ者として、富子は心理学を修めた研究者として、帰国後、女性のための社会活動を行った。わかは国家による母性保護を主張し、富子は女性の覚醒を呼びかけたが、二人とも当時の国策に利用されてしまったのである。

八　政治と婦人運動

加藤シヅエと市川房枝はアメリカを体験し、高良とみと同じく戦後、国会議員となった人物であるが、その生い立ちも主張も対照的なものだった。山田わかは平塚らいてうと親しかっただけでなく、市川房枝とも関わりが深かった。一九三四（昭和九）年、第五回全日本不戦大会で、母子扶助法案の即時制定を決議し、山田わかを委員長とした母性保護法制定促進婦人同盟が結成された。翌年には母性保護連盟と改称して、市川房枝が議会部長となった。最初の結婚をしていた頃の加藤シヅエは、石本静枝として貴族院と衆議院の議長宛の請願書に署名していた。三人は生い立ちや境遇にほぼ共通点はみられない。しかし女性の権利や母性の保護までを含めた人生の幸福を求めて社会活動を行ったこと、彼女たちをそのような活動に高い動機づけをしたのは、それぞれが欧米の婦人運動家との出会いがあったことが共通である。

加藤シヅエ(31)は実業家の家庭に生まれ、恵まれた少女時代を送った。女子学習院を卒業後、その当時の女性と同じく学校を卒業すると縁談が待っていた。シヅエは十七歳で、東京帝国大学工科を卒業して三井鉱山に就職したばかりの石本恵吉男爵と最初の結婚をした。彼女は新婚時代を夫の赴任先の三井三池炭鉱で過ごし、子どもたちをかかえて子育てと家事をしながらも重労働をしなければならなかった女性たちの過酷な生活環境を知った。夫の石本恵吉は労働問題の研究をするためにニューヨークに渡り、そこで片山潜と出会うことになる。シヅエは夫を追ってニューヨークに行き、バラード・スクールに在籍した。ニューヨークで彼女はマーガレット・サンガーに出会った。サンガーはニューヨークの下町で当時は貧しい労働者が多く居住していたブルックリンの近くのブランズヴィルで産児調節診療所を開き、家族計画などを指導していた。サンガーの活動を、シヅエは三池炭鉱で知った女性たちにも必要であることを痛感した。そのため日本に帰国後、サンガーを日本に招待し、講演会などを通じて、産児調整の考え方の普及を目指しただけでなく、彼女自身も日本産児調整婦人同盟を設立し、産児制限相談所を開設した。石本は戦時中、思想を軍国主義に転向したうえに消息不明となり、二人の息子も相次いで亡くした。彼女の活動の基盤だった産児制限相談所も閉鎖され、結婚生活も終わりを迎えた。その後、シヅエは労働運動家の加藤勘十と再婚し、戦後は衆議院議員選挙で女性初の代議士の一人として当選し、人工妊娠中絶と強制的不妊手術を合法化する優生保護法

加藤シヅエ　『娘の頃——女性はいかに生きるべきか』杉野芳子編（宝文館）より

市川房枝　『国立図書館月報』1号 昭和36年4月号（日本図書館協会発行）より

の法案を彼女は共同で提出し、成立を見た。シヅエは一九七九（昭和五十四）年に政界を引退したが、生涯、女性の健康や出産に関わる家族計画を支援し続けた。

　市川房枝は愛知県の農家の出身だった。子どもの頃、母親に対する父親の男尊女卑の言動に疑問をもち、愛知県女子師範学校（現愛知教育大学）での良妻賢母的な教育に抵抗した。卒業後、小学校の教員や名古屋新聞の記者にもなったが、何としても上京して新しい思想に触れたいとの思いが強く、サンフランシスコで新聞記者をしていた長兄の紹介で山田嘉吉を訪ねた。房枝の長兄藤市は渡米した当時、サンフランシスコで英語や社会学などを教えていた山田嘉吉の生徒の一人だった。房枝の兄は嘉吉に絶大な信頼を寄せ、房枝にぜひ嘉吉を訪ねるように手紙で勧めた。その時嘉吉はわかとともに四谷で「山田外国語塾」を開きながら暮らしていた。そこでは平塚らいてうも英語を習っていた。房枝の回想によれば、同時期に大杉栄もフランス語を嘉吉に習っていたという。そして塾での出会いが、その後の房枝の人生の方向性を定めた。房枝は嘉吉からテキストとしてエレン・ケイの『恋愛と結婚』の英語版を渡され、新しい思想に触れるにはまず外国語を学習しなければならないと決意した。わかは房枝に平塚らいてうを紹介し、その縁でらいてうと房枝は、奥むめおらと新婦人協会を作り、婦人運動に邁進する人生を送ることとなる(32)。

一九二一（大正十）年、ついにアメリカに渡った房枝はベビーシッターやハウスワークをしながら、ニューヨーク、シカゴなどアメリカ各地に滞在し、女性の政治教育、女性運動などを見てまわった。彼女が渡米した頃は、アメリカでは女性参政権が実現された直後だった。翌年、ワシントンDCで開催された世界社会事業大会に房枝は出席し、そこでアメリカの婦人参政権運動の指導者であるアリス・ポールと出会い、彼女からまずは婦人参政権を獲得することが重要であると教示され、そのためこれからの婦人運動は、婦人解放運動に主眼を置くように勧められた。この出会いは、苦労しながらアメリカ滞在をした房枝が、求めていたものを摑んだ瞬間だった。

アメリカから帰国した房枝は婦人参政権獲得期成同盟会を結成した。翌年の一九二五（大正十四）年、加藤高明内閣のときに衆議院選挙法（普通選挙法）が改正成立したのを機に、婦人参政権期成同盟会を婦選獲得同盟と改称して婦人参政権の獲得の活動を継続した。一九三〇（昭和五）年に婦人参政権付与法案が衆議院で可決されたが、貴族院で否決され、房枝たちの活動はあと一歩のところで挫折した。ポールの教示どおり、まずは婦人参政権を獲得することが婦人運動を今後展開していくうえで重要であると認識し、房枝は国策に協力する動きをすることで、婦人の政治的権利を獲得する道を選び、同盟は婦人時局研究会を経て、一九五〇（昭和二十五）年大日本婦人会に統合された。房枝の婦人運動は翼賛体制に協力することとなり、大日本言論報告会理事に就任した。戦後、彼女はそのために一九五〇（昭和二十五）年まで公職追放となった。この不遇な時代を経て、房枝は日本婦人有権者同盟の会長になり、売春禁止、公娼制度復活への反対、平和運動を推進していった。一九五三（昭和二十八）年、参議院議員通常選挙に立候補し、通算五期で二十五年間の議員生活を送った。加藤シヅエが社会党に入党したのとは対照的に、議員となった房枝は政党に属さなかった。

わかも、嘉吉の指導のもとエレン・ケイの母性主義の思想に強い影響を受け、国家が妊娠や出産、育児する母親を保護を実現するための母性保護連盟に参加し、初代委員長となった。わかたちの活動は実を結び、母子保護法が一九三七（昭和十二）年に成立した。国家による母性保護については、おおよそ一年のあいだ、与謝野晶子、平塚らいてう、山川菊栄と山田わかの間で激しい論争が展開された。国家の母性保護を奴隷道徳といい放ち、この法案に反対だった与謝野晶子や山川菊栄は、わかとらいてうを激しく批判した。わかの母性保護思想もまた市川房枝の婦人参政権運動や婦人の覚醒を主張した高良とみと同じように国策に利用される運命をたどった。

女性が男性と同じ権利を得て健康で幸福な生活を希求することは当然である。わかをはじめアメリカ帰りの女性たちにとっても、その実現の道は険しく遠いものだった。そのわかはただ一人、アメリカで自分を商品として売る生活からの脱出を援助される側と女性母性の保護を求め、女性の幸福のために行動する立場の両方を経験した。そしてわか、房枝、とみはその実現のための現実的な判断として当時の国策に沿った行動をとったが、狡猾に国策に利用されてしまった。しかしその方略に誤りがあったとしても、前に進む一歩を踏み出す勇気と行動を示したことはまぎれもない事実である。

注

(1) 山崎朋子『あめゆきさんの歌——山田わかの数奇なる生涯』文藝春秋、一九七八年(文春文庫、一九八一年)。
(2) ジーン・ウェブスター、松本恵子訳『あしながおじさん』新潮社、一九五四年。
(3) 山崎、前掲、三五頁。
(4) 山崎、前掲、二五三〜二五七頁。
(5) 山崎、前掲、八四〜八七頁。
(6) 篠田康子『アメリカ西部の女性史』明石書店、一九九九年。
(7) 同書、一五七頁。
(8) ミッチェル・マーガレット、久保康雄・竹内道之助訳『風と共に去りぬ』新潮社、一九七七年。
(9) ゲイリー・マーシャル監督『プリティ・ウーマン』一九九〇年、ブエナ・ビスタ・ピクチャーズ。
(10) スティーブン・ソダバーグ『エリン・ブロコビッチ』二〇〇〇年、ジャージー・フィルムズ。
(11) 篠田、前掲『アメリカ西部の女性史』一五八頁。
(12) 連続テレビ小説『おしん』一九八三年、NHK放送センター、日本放送協会。
(13) 山田わか『山田わか著作集第四巻——社会に額づく女』学術出版社、一九二〇(二〇〇七)年。
(14) 山田わか『婦人と新社会　一一五』一九二〇年、山田わか個人誌、(クレス出版、一九二八年)。

(15)吉見周子、女性総合研究会『日本女性史第四巻近代』東京大学出版会、一九八二年、一三八頁。
(16)嶽本新奈『海外〈出稼ぎ〉女性の近代「からゆきさん」』共栄書房、二〇一五年、九～一〇頁。
(17)山崎朋子『サンダカン八番娼館 底辺女性史序章』文藝春秋、一九七五年、一二～一三頁。
(18)倉橋直樹『北のからゆきさん』共栄書房、一九八九年、八四頁。
(19)嶽本、前掲『海外〈出稼ぎ〉女性の近代「からゆきさん」』一五頁。
(20)山田わか『山田わか著作集第二巻――恋愛の社会的意義』学術出版社、一九二〇(二〇〇七)年。
(21)森崎和江『からゆきさん』朝日新聞社、一九七六年。
(22)唐権『海を越えた艶ごと――日中文化交流秘史』新曜社、二〇〇五年、一二一頁。
(23)工藤美代子『カナダ遊技楼に降る雪は』集英社、一九八九年。
(24)鶴谷寿『アメリカ西部開拓と日本人』日本放送出版協会、一九七七年。
(25)山田わか『現代婦人の思想とその生活(山田わか著作集第五巻)』学術出版社、一九二〇(二〇〇七)年。
(26)鶴谷、前掲『アメリカ西部開拓と日本人』。
(27)宮本百合子『伸子』岩波書店、一九五四年。
(28)Popplestone, J. A. and McPherson, M. W., 1994, An Illustrated History of American Psychology, pp.41-42., The University of Akron Press, Akron, Ohaio.
(29)宮本、前掲『伸子』一三～一四頁。
(30)日本女子大学ホームページ『時代を切り拓く卒業生』http://www.jwu.ac.jp/unv/about/jidai/index
(31)加藤シヅエ・加藤タキ『加藤シヅエ一〇四歳の人生――大きな愛と使命に生きて』大和書房、二〇〇二年。
(32)市川房枝『市川房枝――私の履歴書ほか(人間の記録八八)』日本図書センター、一九九九年。

第四章　対人援助と人道主義——山田わかにおける法と思想の原理

森脇　健介

一　相談をすること——「人道」の光彩

一九三一年五月一日、東京朝日新聞に家庭欄が新設され、わかは身の上相談員としての活動を始める。以降、わかは日曜日以外は原則としてほぼ毎日、相談員を担当した[1]。当初は作家の三宅やす子との入れ替わりで担当していたが、三宅は三カ月で退任し（一九三二年一月に急逝）、論説委員だった前田多門が一時参入したものの、十月からはわかのみの連載となる。五月の相談開始から同年十二月二十五日までの間に、東京朝日新聞社に届けられた相談件数は、一日平均七十件以上の総計一万七〇五二件にものぼった。その中でも恋愛・性・結婚・家庭に関わる問題が、合わせて六一九九件とかなりの数を占めたという。そして、それ以外に分類される問題も、大部分において背景にあるのは、夫婦不和や愛欲に関わる問題だった[2]。一九三七年二月に東京朝日新聞での身の上相談が終了してからは、一九三八年『主婦之友』八月号より毎月号、誌面での相談欄を受けもち、加えて毎週月曜午前九時から午後四時までは主婦之友社に出向き、相談室を開催した。これは第二次世界大戦末期の中断を挟みながら、戦後まで続く。このように身の上相談は、

右　主婦之友相談室のわか
左　主婦之友相談室内部（『主婦之友』1938年8月号より）

わかの活動の後半期において主要な位置にあった。

しかし当時、女権運動家であった金子（山高）しげりによると、わかにとって相談は、「物書きを始めた頃」から、私的には長く携わってきた仕事であったという。『青鞜』を通じての文壇デビューは一九一三年、わかが三十三歳のときであるので、この時点で約二十年に近いキャリアがあることになる。わかは「毎月二日や三日は、奉仕として、相談という仕事に全力を献げた日があった」と回顧し、この膨大かつ連日の激務に対しては、「量的に多くなっただけで、それに対して報酬を貰って座り込んでいられるのだから私にとっては幸せなのです」と金子に対して述懐している。そして、「この秋は　雨か嵐か　しらねども　けふのつとめに　田の草を取る」と、身の上相談という仕事に対するにあたっての自らの心もちを、当時の流行り歌に例えた。(3)「難しいからといって打ち捨ててはおけない、何とかしなければならない、それに、我々人間の歩まねばならぬ正しい道は一本しかないはずだと、一度自分の心に触れた以上、もう他人事ではなくなって、じっと思いをその問題に集中しておりますと、やがて答えが出て来る」……、このようなわかの回答姿勢について、廃娼運動家の久布白落実《くぶしろおちみ》は、「あなたは答えを祈り出すのですね」と表したという(4)。そしてみじろぎもせず、常に居住まいを正し、正座してこの「祈り」に挑んだということからも、(5)わかが相談という事業を重視し、かつ非常に真摯に取り組んでいたことが分かる。

しかし、ここで注目しておきたいのが、前述の「我々人間の歩まなければならぬ正しい道は一本しかない」という、高潔であり、また苛烈にも響くわかの言葉である。わかの相談の回答には、わかが考えるこの一本の「正しい道」が、常に通底している。それでは、この「正しい道」とは何か。

もともと先行研究においては、わかは母性保護論争に現れる評論家、または母子保護法制定運動や母子福祉などの社会事業に携わる運動家として、紹介されてきている(6)。そして、その保守的な母性主義に対しては、「高邁とも深淵ともいわれず理論的なものともいわれていない。むしろ粗大なともいうべき所論で、ひたすら、情を吐露したものというべきかも知れない」との評価が一般的であった(7)。

しかしわかの著作を紐解くと、これら母性や家庭の観念には、母性主義にならんで、もう一つ、あるイメージが付着していることが分かる。それこそが前述の「正しい道」、すなわち「人道」

の観念である。この語はわかの著作に散見されるが、込められた意味合いについては従来、あまり注目されていなかった。一方でこの語は、わかの論考のみならず、身の上相談のような一般公衆向けの著述でも、レトリックとしてよく用いられた語である。「人道」という言葉自体が外延の広い概念であるので、制約された相談紙面では、しばしばその詳細は省略されている。そのため、語の解釈は読者に委ねられていたとすらいえるものの、わかの思想とその思想の社会的発露としての身の上相談を分析するために、この「人道」概念の分析は重要であると思われる。(8) そこで本章では、この「人道」の用法に着目しながら、わかの身の上相談への回答には一つの原理的姿勢が通底しており、その意味でわかの思想には、論理的一貫性が見出せることを示したい。そして身の上相談の実施期と同時期に行われた母子保護法制定運動も、その原理のいわば発現としての意義を有するとの認識に立って、わかが対人援助活動を通じ世に放とうとした、メッセージの思想的背景を探ることとする。

二　わかの「人道主義」

わかが身の上相談の回答指針とする「正しい道」は、さまざまな著作中で称揚されている「人道主義」において示されるが、この概念にはわかの人間観や社会観が如実に反映されている。わかによればこの人道主義は、道徳や人情という言葉でも置き換えられるものの、実際に概念の核となっているのは「愛情の大きさ」であるという。「人道を重んじる徳が高いと言われる人」は、「自己又は自己の肉親のものと同じように他人を愛することの出来る人」であり、その最高のかたちは全人類を愛することに至る。(9) 一方、『新輯《しんしゅう》女性読本』(一九三二年)において、人道主義とは「家庭の擁護」であり、母をして父や子との間に密接な関係を築くのに貢献する考えともされている。(10) すなわち人道主義は、「社会的義務」を基礎として成り立つ社会概念であって、個人主義的とされる「女権主義」とは異なるものであるという。わかにおいて女権主義とは、女性の職業進出と家庭からの解放をもって、男女の平等を実現すべきとする主張のことである。わかはこれを単なる「男子模倣」、すなわち現在でいうところのいわゆる「男並み平等」として批判し、英米の「個人主義」にゆがめられた「利己的な思想」として捉えている。このようにわかにおける人道主義は、愛を中核とする利他主義として、個人主義・女権主義のアンチテーゼを担う意義を付与されている。

それではなぜ、個人主義は否定的に扱われるのか。わかにあってはそもそも、社会を構成する単位は個人ではなく、社会が集団である以上、その構成要素もまた集団であるべきとされ、その集団こそ、人びとにとって最初の集団として現れる家庭なのだという。(11) しかし、いずれにせよ集団を構成しているのは人である。それでは人とは結局何か、という疑問が生じるが、これに対しわかは、人とは「社会的生物である」と答える。(12) そしてこの人には「個人面」と「社会面」があり、前者には「利己主義」が、後者には「利他主義」が対応する。そして、人が「高尚になれば、自他の区別が無くなり、すなわち社会面と個人面とが、よく調和した完全な人になる」のだという。[13]そして「二〇世紀の新人」は、自己の尊貴を認めるだけでなく、相平行して社会面があることを自覚しなければならない。

「自分は社会という網の目の一つでありその一つ一つの目をつないでいる糸は人情、すなわち人道であるということをしっかりと自覚していなければなりません。[14]」

したがって、わかは単に集団主義を主張するのではなく、人のもつ「個人」としての要素も認識してはいるが、これをもって完成された主体の要件としない。わかによれば、「個人主義」とは人間の通過しなければならない過程であって、「花を咲かせ身を結ぶ地ならし」であるが、そこに留まるべきものではない。[15]わかにおいては、結婚制度の改良、女性の高等教育の要求、職業問題、男女平等の取扱いの要求、これらはすべて個人主義の立場から起こったものとされ、通過点としての意義はあっても最終目標とはされない。そのためわかは、これらを究極の課題としている主張は、個人主義的な「女権主義」に留まっているとして批判する。

「今日までの婦人論の基礎をなしている個人主義的思想はその真純なる意味においては決して有害なものではないが、これは多くの場合俗悪な自己肯定となり自己の利益にのみ用いられがちのものである[16]」。

わかにとっては、近代的女性の象徴としてのノラ（イプセンの『人形の家』の主人公）の目覚めも、「半分の目覚め」とされる。「全体的に、すなわち個人として社会人として目覚めていた」ならば、夫のヘルマーが悔い改めたときに、再婚し家庭を再創造できただろうと認識され、ノラの出奔は肯定されない。[17]「自己の拡充という名の下に家庭を変な住心地の悪いものとなし」、「子供の幸福、人類の幸福、社会の幸福を全然無視するいわゆる女権拡張論者は人道の敵でなくて何でありましょう[18]」、とはわかの言である。

社会を個人の自由意思による契約関係の集合と見る傾向も、「一進歩」としては評価されるが、これは「真実の自由の表現」ではなく、「この契約関係からもう一歩進んで組織関係に行き、より完全な自由を得るところまで進まなければならない」とわかは主張する。個人主義は、昔の封建的組織が時間経過に耐えられない「偽物」であることを、相互の衝突関係において明らかにしたことに意義があるとされる。だが、その「個人を生かすための家」たる家庭を基礎とした社会組織が、わかにとっては最終的に実現されなければならないのである。[19]「個人的であるものを社会化するには」、「人間が生まれながらに持っている愛」を「道徳化」しなければならない。「それは家庭でなくてはできない」ことであり、「人間の利己主義の本能を利他主義の本能に変えていく無二の機関」は、家庭以外にないという。[20]こうして、人道主義は家庭へと繋げられる。

以上のような、個人主義を前提条件として経たうえで、愛を媒介に利他主義へと移行し、その実践の場として家庭に帰着する思想には、十九世紀後半から二十世紀前半にかけて活躍したスウェーデンのフェミニスト、エレン・ケイの母性主義の影響が強く見られる。わか自身、著述家の出発点としては、女性の家庭からの解放を説く南アフリカの女性作家、オリーヴ・シュライナーの詩や小説を『青鞜』で翻訳していたように[21]、女性が家庭で経済的に自立のできない状態にあることを、ネガティブに見ていた。しかし、その視点は、「子どもが不憫さに夫にいわゆる寄食するいわゆる屈辱を長い間忍んでいた」というわかの自意識を、苦しめる視点でもあった。そして、ある日触れることのできたエレン・ケイの思想は、「私の苦悶をあとかたも無く拭いとってくれた」のだという。家庭解放を説くシュライナーの説に「苦しめられていた私は、エレン・ケイによって救われたのである」、と[22]。

それでは、ケイの思想はどのようなものであったのか。ケイは、個人主義を前提としたうえで自由恋愛を称揚したことで知られるが、この自由恋愛は個人のステージで完結するものではない。すなわちケイによれば、自己保存と自己発展とは単なる利己主義に終始するものではなく、愛他主義を実践するための根本条件とされ、最終的には社会全体に対する義務に通じるものとされている[23]。自己肯定と自己犠牲は、その統合こそが「倫理上の最高義」であって、これを実現するものこそが母性である。そしてその母性を実践する場こそが、自由恋愛を経た結婚により構築される家庭である[24]。個人としての自我は通過点であって、人は集団／家庭の中でその存在意義を有する、というわかの発想は、ケイのこうした思想を継受したものである[25]。

ケイはさらに母親の職能を、出産と子どもの養育だけでなく、その「訓練期間の全部にわたって働くもの」とし[26]、子どもの教育を通じて社会秩序の根幹に影響するという重要な役割を担わせる。そしてわかもまた、単に家庭の構築をもって終着点とはしない。「人間の一切の努力を家庭そのもので行き止まりにせねばならぬというのではありません。健固な人道は家庭から生まれる」。人道は人を家庭へといざない、人道はまた家庭から生まれ出《い》でる。そのため、利己的個人から脱却し社会的存在として社会的義務を果たすべき人とは、家庭を出発点として、さらに「人としての義務を尽くしていかなければならない」ということになる。[27] 具体的には、「生まれながら、不平等な人間を社会的に平等に取り扱う」という「社会正義」を、「人間の本能として実現させる。そしてその本能は、「教育者でも父でもなく、人としての価値ある賢い母によって」、教育を通じ子孫に育まれるとされるのである。そのため男性は、「家庭の仕事に最上の価値を認め、家庭婦人の生活は一家の幸福を創造し、従って、社会の基礎を強固に、社会を増進するものであるという観念」を尊重しなければならない。[28]

このようにわかが描く人道は、平等という社会正義を、家庭において教育することで実現する。ではなぜ、ここで平等という概念が必要になるのか。実はこれもまた、わかの人間観の帰結である。すなわちわかによれば、「人間性には二重の共同基礎」があり、一方は感情、意志、道理などの内心的調和による基礎、他方は他者と自己との調和による基礎であるとされる。この後者は、自己と社会との調和、つまり社会奉仕による自己実現を通じ達成される。そしてこの奉仕は、「各人が各人の役目に忠実」に、「老若上下を区別することなく、平等を基礎に共同する」ことで、その能率を最大級に増進させることができるという。「実に、精神的の及び生理的の能率を上げるには確固とした基礎がなければならず、そして、その基礎を造るところは家庭以外にはありません」[29]。

結局、家庭価値の尊重が、何よりも基礎づけられていなければならない。「普通婦人に向かって言う。現今の社会状態にあっては婦人はエレン・ケイの説に従うのが本当の生き方であることを」[30]。「私はどこまでも文明の新基礎としての家庭をつくることを目標において一切を処理して行きたいと思います」[31]。わかの人道の原理は、こうして最重要課題としての家庭と子（わかは子どもを「自分に最も近い社会の代表者」と表している）[32]の養育の絶対的尊重という原理に帰着する[33]。

三　「身の上相談」と家庭の尊重

女性が家庭から離れることとは、女性であることと人であることを不可分とするわかにおいては、一種の自己否定である。それは、女性としてだけではなく、人間存在としての自己を拒否することと同義となる。そうであるからこそ、何よりも家庭の尊重を基に考える、この宣言どおりの原理に従い、わかは身の上相談への回答を行っている。わかの回答は説得力があり明快と受取られ、読者の人気を呼んだとされるが[34]、その明快さの背後にあるのは、この義務論的な「原理主義」である。そしてさらに回答が喝采を受けたのは、わかの主張が、当時の因習的美徳でもあった「イエ」の尊重に、「表面的には」なじむものであったからだと思われる。

実際、わかが家庭の維持のために、女性に忍従を強いる過酷な助言を与えることは、珍しくなかった。一九三九年の『主婦之友』三月号に掲載された「没義道な良人に悩む妻」という相談の回答には、わかのこうした姿勢が見て取れる。これは、ある未亡人と不倫関係にある夫が、妻に発覚後も「愛しているならしたいようにさせろ」と居直り、さらに不倫相手との間にできた子を引き取って育てるよう妻に要求してきたのに対し、妻が家を出たい、とわかへ相談してきたものである。現代ならばすでに家庭崩壊の局面にあるといえるが、わかの回答はこうだ。[35]「女性は結局母性です。妻としての場合はさておき、母としての立場から考え直してみてください。」子を守りたいのであれば、「あなたはどこまでも、そのお子さんの母として、その家の主婦として、踏み留まるのが本当です」。そして夫については、「可哀そうなやんちゃ息子に過ぎないのだと思っていれば、腹も立ちません」といい、子も引き取って育てるように回答したのだった。

主婦之友相談室で読者の相談に応じるわか（『主婦之友』1938年10月号より）

　この事例において、相談者は夫婦で再婚であり、女性のほうにはすでに手を離れた実子がいる一方、継子《けいし》はこの女性を母として現になついているという背景があった。要するに、妻に対して負担の大き過ぎるこの回答は、子を導き得る唯一無二の存在としての母という立場を放棄してはならない、とする先ほどの原理に忠実な回答でもあるのだ。

「親は自分の生んだ子供の将来の運命をどうすることも出来ない。が、たった一つ子供の運命を進歩的に導くものがある。それは一種の空気を家庭内にみなぎらして置く事である。則ち、夫婦の愛、親子の愛、修養の必要、労働の神聖という気分を家庭内に充満させるのです[36]」。

この意義を女性が果たすためにも、わかは、子がすでにいる場合には、女性が離婚することをほぼまったく勧めない。東京朝日新聞や『主婦之友』での回答に現れたわかの姿勢を概観すると、積極的な離婚提言を行うたいていの場合は、夫が完全に育児放棄をし経済的務めも果たさない場合、子がいない場合では、さらに夫が自身の放縦に一切の反省をしない場合などに限られていると思われる。それ以外は、妻であり母である女性が、その家庭を改善するために、夫と子を教導する義務を決然と果たすよう促す回答が、ほとんどである。

こうした回答は、確かに女性の劣悪な状況を正当化する、その意味で「イエ」制度における女性の忍従という因習的美徳を、称揚するものと見えなくもない。しかしわかは、このような助言を女性だけに向けたわけではない。さまざまな相談事例の中には、わかが男性に「人道的配慮」を求めたケースも少なくなく、わかにとって重要なのは、旧来の「イエ」とは異なる家庭の尊重であることが垣間見えるものもある。その一例の仔細は、次のようなものだ[37]。

ある女性が結婚前に青年官吏と不倫関係にあったのだが、のちに別れて女性は結婚した。ところが数年後、その官吏が子どもと妻を残して失踪したことを知ると、愛を感じない今の夫と別れてその男性を探し出し、何とか子どもたちと男性の両親を安心させたいという気持ちが湧き起こり、道に迷っているという。わかはこれに対し、「夫婦には単に異性としての関係ばかりではなく、人間としての関係」すなわち「人道というものがある」と説き、もし今の夫が人道的な人間であれば、洗いざらい話しても、相談者の気持ちに共鳴し一緒に失踪した男性を探し出して、その男性が家庭に帰る協力をしてくれるかもしれない、「そうなれば相談者は心から夫を愛するようになる」と回答した。わかの人道主義が、個人よりも社会的義務を重視するものであり、その社会的義務は家庭の維持強化を意味する以上、この回答はある意味で原理に忠実な論理的帰結である。しかしこの回答は、男性読者からは憤激を買ったらしい。男性の怒りに対し、わかはこう述べる。

「女性は夫の間違いに対して何時も寛大な人道的処置を取っているので、比較的円満に夫婦生活がおさまっている例が少なくない。故に、私は、ただ、今まで婦人がしていたことを男子にもして頂きたいと言ったまでで、別に奇抜なことを言ったのでもなければ、馬鹿馬鹿しいことを言ったのでもない。[38]」

すなわち男性もまた、家庭創造の苦しみを共有しなければならないのだ。このようにわかの回答には、当時のスタンダードな保守性の意味をずらすものがあったこともまた確かである。[39]だが同時に、わかの回答の中には、時に現代人の目から見て、通常、男女双方が家庭に対し負うことが期待される義務としては、エキセントリックに映るものも多々あった。結局、わかにとって身の上相談とは何だったのか。わか自身はこれを一種の「社会事業」と認識しつつ、しかし社会事業家は辛い現実を目の当たりにするからこそ、知らず知らずのうちに哲学を失ってしまうことを危惧する。それゆえ、「一つの理想をしっかりと保って、そこを中心に答えようとしています」という。[40]わか本人としては、その理想の内容を、干渉ではない指導と相談者の気持ちになりきっての希望の達成と説明している。しかし前述のような相談事例を見る限りでは、その理想の根底に潜在する人道の原理こそが、実際には回答に大きな影響を与えているといえるだろう。

そして、この人道へのこだわりはどこから生じるものなのか。わかは先に挙げた、失踪者を愛する女性への回答の中で、こうもいっている。「私は、悔いの涙は一切を清めることを信じます」「間違いを起こし、そのために、そのキズのために、将来を左右するならば、それは過去に負けた人です。過去は過去に葬り新しき将来に向かい、善行をもって、何時の間にかそのキズが覆われてしまうように精進する。又させるように、助力することがこの人生に生き甲斐ある生活だと私は信じます」[41]。人道の、あまりにもまっすぐな道は、果たしてわかが負わされた過去のトラウマと、無縁といえるのだろうか。

四　堕胎論争とその背景——「人道に生きよ」について

人道の「正しい道」が、いわば究極のかたちで回答に表れたのが、東京朝日新聞に一九三二年三月三十日に掲載された、身の上相談「盗人に妊娠せしめらる」への回答である。これはある婚約者を持つ女性が、父の病気の看病を三日三晩行い前後不覚で眠っている最中に、折から侵入した盗人に強かんされてしまったことが発端になっている。女性が強かんされたことを婚約者に告げると、彼は「不慮の災難」として受け入れたうえで深い愛を表明し、二人は前にも増して親しくなったかに見えた。ところがのちに妊娠が発覚し、それだけはどうしても婚約者に告げることができない。子供には何の責任もなく、この子を真実に愛せる者は自分しかいないだろう、しかし、婚約者のことを考えると苦しみに堪えないが、どうすればよいかという相談であった。当時の刑法では、妊娠中絶は母体に生命の危機がある特例を除いて、いかなる場合も堕胎罪の適用対象とされていた。たとえ強かんによる妊娠であったとしても、妊娠中絶は法的に許容されない状況にあったのである。わかはこの相談に、どう答えたのか。

「人道の理想に生きよ」。これが新聞の回答見出しに付けられた、わかの答えである。先に見てきた人道の意味から、回答内容はもはや自明だろう。すなわち、「人道の粋は我が身と同じように隣人を愛すること、我が子と同じように他人の子にいつくしみの目をかけること」であるとし、この子どもを立派な人間に育てることが、社会のためにも最善の行為であるという。婚約者に対しては気の毒であるとしながらも、「人道の戦士として勇敢に有意義に過去の禍を福となす（生れる子どもを立派な人間に仕上る）という決意」をもって一切を打ち明けるならば、最初の強かんを「不慮の災難」と受容した彼は、「人道の戦士としてのあなたの共鳴者かつ協力者となって下さる

★女★性★相★談★

質問はすべて東京朝日新聞社學藝部あてに。必ず「女性相談」と明記して下さい。投書者へ直接の質問や來談にはお答へしません。

＝（山田わか女史擔當）＝

盗人に姙娠せしめらる

問 私の身近かに私の問題を解決して頂ける適當な方が居ませんので先生にお願ひ致します。私にはTといふ愛人がございます。T大のP科を來年の春卒業するのでご座います。ほんとに優しくそしてりゝしく理解に富んだ青年紳士です。両親も親類の方もTを尊敬し、私も又彼を誇つてゐます。

昨年の九月の末でした、父の病氣の看病を私自身で三月三晩一睡もせずに續けて、隨分疲れましたので自分の部屋に歸り、前後も忘れて眠つてしまひました。處がその晩盗人にはいられたのでございます。指環も時計もそれから私の生命にも代へ難い操りさへ奪はれてゐました。先生、私は何といふのろまだつたので御座いませう。いくら泣いたつてベッドに取りすがつてぢだんだ踏んで悔いても駄目でした。私はスグこの事を母に話し數日の後母と一緒に堅い覺悟をしてTに總てを話しました。Tも又どんなに悲しんだ事でせう。けれどもTは「Kちやんは僕に對する節操を失つたんぢやないね。不慮の災難なんだ」かういつて私の立場を弁護し、息も出來ない程強く私を抱きしめてくれました。それから後も彼の深き愛と溫さ理解によつて私達は以前にも増して親しくなつて來たので御座いますがそれなのに先生！　私は今身重になつてゐるので御座います。どんなに歎いてもどうすることも出來ません。Tに打ち明けねばならないのですが、どうしても、その勇氣が出ません。これを知つたら彼はどんなに悲しむ事で御座いませう。彼が理解に富めば富む程 お氣の毒でなりません。そして、又私は生れる子供を、何の責任もない子供を如何に處置すべきでせう。この子供に今の私は愛着を感じてゐませんが、然し、この子供を眞實に愛し得る者は私以外にはないと思ひます。さう思ふと子供に對して責任を負はないわけには行きません。けれども、私のこの考へ方をTはどう思ふでせうか？Tと子供との間に立つて苦しんでゐます。Tは一月以來九州に旅行してゐます。便りの來る度に苦しめられます。Tは四月上旬歸京します。一日も早く解決をお願ひ致します。（K子）

東京朝日新聞
1932年3月30日号より
強かんにあった女性からの問

右に対するわかの回答

人道の理想に生きよ

答 それは實に何ともいひやうのない不幸なことでした。が、今はそれをいつても詮ないことです。そして、胎兒に對してどういふ風に考へたらあなたの氣持が落ちつくかといふことが先決問題だと思ひますが、それには「女性が種族の本幹である」といふことをまづあなたは[illegible]しなければなりません。

今までは「男性が種族の本幹」で女の腹は借りものだと考へてゐたのですから、この考へ方で行くなら、あなたはいはゞ敵を胎内に宿してゐるといふことになつて本當に身も世もあられぬ思ひですが、それに反して、種族の本幹は女性である、子供といふものは母體の一部をけづり肉をさき血をわけて成育して行く、子供は文字通り母體の延長だと考へる時に、どうして出來た子供であつてもそれは徹頭徹尾自身の子供であるとこだはりなく考へられ、親としての責任を安心して持てるやうになると思ひます。

或ひは又かういふ方面からも考へて見る必要があると思ひます。人道の粋は我が身と同じやうに隣人を愛すこと、我が子と同じやうに他人の子にいつくしみの目をかけることです。そんならば、我が敵をいためた子供であるならば尚多くの愛情をそゝぐことが至當です。

敵を愛すといふことが倫理の最高峯であることを思つて、この子供を立派な人間に成長せしめようとする態度にあなたがなる時に、それは子供のため社會のために最善な行爲であり、從つてあなたの氣持ちを安らかにします。Tに對しては實際何といつてよいか言葉が見つからない程氣の毒ですが、といつて、今更どうにもしやうがない。

で、あなたが、過去の失態に對する償ひとして、悲壯な決心のもとに、人道の戰士として勇敢に有意義に過去の禍を福となす(生れる子供を立派な人間に仕上げる)といふ決意をもつて、一切をTに打ちあけるならば、もとくあなたを愛してゐた彼です。恐らく「不幸の災難なんだ」とあなたの立場を辯護して下さつた寛大な彼です。人道の戰士としてのあなたの共鳴者かつ協力者となつて下さるに相違ないと私は信じます。あなたは今大自然から人道の偉大理想(敵を愛す)の實現を迫まられてゐるわけです。御自重を望みます。

家庭

ある婦人の身に起つた不幸な事件への批判

識者の代表的意見を聴く

子に罪はない 育てるのが至當

法律の立場から

母性の愛は強い

東京朝日新聞1932年3月31日号
強かん事件に対する識者たちの見解

郵 便 は が き

お手数ですが
切手をお貼り
ください。

102-0072
東京都千代田区飯田橋3-2-5
㈱ 現 代 書 館
「読者通信」係 行

ご購入ありがとうございました。この「読者通信」は
今後の刊行計画の参考とさせていただきたく存じます。

ご購入書店・Webサイト

書店　都道府県　市区町村

ふりがな
お名前

〒
ご住所

TEL

Eメールアドレス

ご購読の新聞・雑誌等　特になし

よくご覧になるWebサイト　特になし

上記をすべてご記入いただいた読者の方に、毎月抽選で
5名の方に図書券500円分をプレゼントいたします。

買い上げいただいた書籍のタイトル

書のご感想及び、今後お読みになりたいテーマがありましたら書きください。

書をお買い上げになった動機（複数回答可）

新聞・雑誌広告（　　　　　　　　）　2.書評（　　　　　　）

人に勧められて　4.ＳＮＳ　5.小社ＨＰ　6.小社ＤＭ

実物を書店で見て　8.テーマに興味　9.著者に興味

タイトルに興味　11.資料として

その他（　　　　　　　　　　　　　　　　　　　　　）

記入いただいたご感想は「読者のご意見」として、新聞等の広告媒体や小社
tter 等に匿名でご紹介させていただく場合がございます。
不可の場合のみ「いいえ」に○を付けてください。　　　　　いいえ

社書籍のご注文について（本を新たにご注文される場合のみ）

下記の電話や FAX、小社 HP でご注文を承ります。なお、お近くの書店で取り寄せることが可能です。

TEL：03-3221-1321　FAX：03-3262-5906
http://www.gendaishokan.co.jp/

ご協力ありがとうございました。
なお、ご記入いただいたデータは小社からのご案内やプレゼントをお送りする以外には絶対に使用いたしません。

に相違ない」。よって「自重」、すなわち妊娠中絶を避けるように求めたのだった。

このようなわかの「産んで育てよ」という回答に対し、翌日の紙面では、家庭欄のほぼ一面が六人の有識者たちの反応に当てられた。それぞれの回答を紹介すると、下記のようになる。

まず菊池寛（小説家・ジャーナリスト）は妊娠中絶を勧め、このような場合は不名誉でもなく、これが罰せされるのならば法律の不備であるとした。

高島米峰《べいほう》（仏教学者・教育家）は、貞操に問題はなく婚約者もまたこれを受け入れたのだから、そのような肉体関係の必然の結果として妊娠したのならば、婚約者はまたその子をも必然的に許さねばならず、子どもにも何の罪もないため、たとえ養子に出すとしても出産するべきとした。

穂積重遠《しげとお》（民法学者・「戦後家族法の父」・戦後は東宮大夫兼東宮侍従長、また最高裁判所判事にも就任）は、現行刑法が母体の生命に関する場合以外に妊娠中絶を許容していない以上、妊娠中絶は「断然許されない」とし、婚約者の示すべき態度については高島と同様の見解を採った。

永井潜《ひそむ》（医学者・のちに国民優生法の成立に従事）は、優生学（遺伝要素の取捨選択を行うことで社会・人間改良を試みる考えで、現在は差別主義的な科学の典型として忌避されている）の見地から、「悪人の子供は大体においてよい傾向を持つ子供は産まれない」とし、「できることならこのような血統は絶ちたい」と述べ、妊娠中絶全般を違法とする法の不備を指摘した。

下村宏（朝日新聞社専務・副社長を経て一九三七年より貴族院議員・下村海南とも名乗る）は、わかのいうように「人道の戦士」として出産すれば、夫婦と将来の子どもたちにとって、必ず遺恨の種となると危惧する。そのため相談者である女性は、妊娠中絶して禍根を断ち切ったうえで自首し、情状酌量のうえで執行猶予が期待されるため、堂々と裁きを受け、法律の改正の必要を知らしめるべきだとした。(42)

最後に、徳永恕《ゆき》（社会事業家・二葉幼稚園等の事業に従事・徳永恕子《ゆきこ》とも名乗る）は、「母性の愛」を強調し、婚約者がたとえいかなる態度を取ろうと問題ではなく、妊娠が進み胎児が母体内で動くようになれば、必ず自分の子としての実感を得るようになり、最初の憎しみは消え自然と子どもを中心に生きられるようになる、と出産を勧めた。

事例があまりにも悲劇的であることと、その反応としてこのように当時の各界の早々たる面子が見解を述べたことから、公衆の関心は大いに集まったという。そして一時は脚色を加えての芝居化と映画化（子どもを産んだあと、子どもはのちに妊娠の経緯を知り不良となったところを、母親の手で殺させるという結末）が、あわや実現するところまで至った。このような動きは、わかを中心として東京連合婦人会が猛烈な抗議を行ったため廃案となったようである。(43) しかしこうした一連の経過は、当時の刑法における厳し過ぎる妊娠中絶規制の不条理を、浮き彫りにする結果となったといえる。実際に、わかの「産んで育てよ」という回答に対して、新聞社とわかの自宅双方に翌日の間だけで約百通もの批判・憤激の書面が寄せられたという。(44) その大部分は妊娠中絶すべきというものであり、これは当時の公衆が、こうした事態において妊娠中絶は当然認められるべきものと考えていたことの証左にもなるだろう。

世論の敏感な反応は、当時の法学会の議論展開と比べても、それほどかけ離れたものではなかった。そもそも日本で妊娠中絶が、刑法典上の堕胎罪として初めて犯罪化されたのは、一八八〇年公布の旧刑法による。それまで日本では、全国的かつ法的に体系付けられた法益（胎児の生命や女性の健康など）への侵害に対する罪として、妊娠中絶が犯罪化されたことはない(45)。旧刑法の堕胎罪規定は、法典編纂時に参照したフランス刑法の影響によって、「輸入」されたものである。その特徴の厳格性としては第一に、薬物などによる単純堕胎を一カ月以上六カ月以下の重禁錮としたこと、第二に、女性自身による堕胎と第三者による堕胎に同じ罰を与えたこと、第三に、合法的堕胎についての規定を設けていなかったことなどが挙げられる(46)。

このような堕胎罪は、妊娠中絶に対する従来の民衆感情からはかけ離れていたものであり、「闇堕胎」というかたちで危険な非合法の妊娠中絶は随時行われ、早期から廃止要求が出されていた。法学内における初期の廃止要求の一つは、刑法学者・勝本勘三郎によって一九〇六年に出されている。彼は、この問題で重要なのは妊娠中絶が道徳的に肯定できるかどうかではなく、堕胎罪が廃止されたほうが結果として利するところが大きいという政策的観点から、単純な自己堕胎は不問とすべきと主張した。その利点とは、堕胎罪がなければ、母親が胎児とともに自殺、または闇堕胎により健康を損壊させられることもなくなる、というものである。そしてまた、やむを得ず出産し教育環境を期待できない「希わざる子ども」が「品性陋劣《ろうれつ》」となって、将来の犯罪傾向を助長することも抑止できる、とも述べている。さらには、「僅かに一片の道義感情に過ぎざる」意識を捨てきれないがために、このような具体的危険を伴う堕胎罪を放置することは妥当でないとし、単純堕胎罪の廃止を求めたのだった。(47)

翌一九〇七年には現行刑法が公布されたものの、結局彼の主張は実現せず、不同意堕胎罪が創設されたのみで、前述の厳しい枠組みを残したまま堕胎罪は存続した。かろうじて母体の生命の危機がある場合の妊娠中絶のみ、刑法三五条「正当行為」の一つとして「解釈」されることで、医師による妊娠中絶が認められるようになったが、この後も法学者による堕胎罪への批判は散見される。たとえば一九二四年に岩井尊文《たるふみ》は、キリスト教の影響を受けた堕胎罪規定は日本の国情に反し、そもそも胎児は母体の一部に過ぎず、法益侵害が存在しないと批判している。(48)また、一九二九年に溝江亮一郎は、広範な比較法的考察から、出生前の胎児は権利主体としての人ではなく、母体の一部に過ぎないとし、他に母体保護、優生政策など、当時考えられ得る反対理由を、ほぼすべて網羅した批判を行っている。特筆すべき点は、一定の留保はあるものの、「婦女は自己の身体の支配者でなければなら」ず、「母胎を保護する権利を有し、自己決定の権を有す」としたうえで、「不断にかつ、際限なく、母たることを強要する」ことは国家といえどもなし得ないと、明記している点である。(49)

しかしいずれにせよ、法解釈論の外側にある現実においては、強かんによる妊娠であっても、法的には女性に選択権と救済の道は存在しなかった。このように妊娠中絶が厳格に禁止されている以上、仮に前述の相談者が妊娠中絶を選ぶ場合、それは闇堕胎に手を染めざるを得ない相当のリスクを伴うものであった。

以上のような状況の中、一九三二年三月三十日の身の上相談「盗人に妊娠せしめらる」は、先の回答者の一人である穂積重遠と、刑法学者の牧野英一との間でもさらなる論争を引き起こした。牧野英一は、少なくとも母体の生命・健康、強かん、優生上の理由などがある場合には、妊娠中絶は刑法上の「正当行為」として、現行法の解釈上も実質的に違法性のない放任行為と認められると指摘した。そして、この事例における妊娠中絶は名誉に対する危険を避けるというまさに正当行為であり、法的に問題がないと主張している[50]。他方の穂積は妊娠中絶の一原因となっている「私生児立法」の改善も同時に図らねばならないとしつつも、新聞での回答のとおり、妊娠中絶は母の生命と両立しない場合を除き、いかなる理由においても認められないとした。穂積はこの理由を、「人類の存続に対する脅威侵害」として妊娠中絶は殺人と同義であり、しかも殺人よりも軽微に行われると考えられるため一層の禁止が必要であるとして、胎児の「生命の尊重」という「大義」において当事例の妊娠中絶も違法であると断じた[51]。

こうして法学内で議論が出揃い始めたころ、一九三四年に刑法学者の小泉英一は従前の議論を総括し、『堕胎罪研究』において、あるべき法制度を模索している。彼は朝日新聞の事例に対しては、社会の共同生活の本質的条件である条理や文化規範に違反しない場合は、実質的違法性がなく正当行為・放任行為として罰せられるべきではないとし、牧野説にならって「超法規的緊急状態」の解釈を示した[52]。そして母体の生命・健康に関する堕胎罪の適用除外は、少なくとも刑法に明記されるべきであるとする。そのうえで、優生的事由による妊娠中絶、また厳格に計算されることを条件に、貧困など経済的事由による妊娠中絶、さらにこの経済的条件に加え、現に一定数の子どもがいるなど社会的事由も考慮した、新しい妊娠中絶法制が構想されなければならないと締めくくった(53)。

法学内部における議論とわかの回答は、同時代にあっても大きく一線を画しているといえる。一定条件下で妊娠中絶を許容すべき、という見解との乖離は明らかである。が、それに加えて妊娠中絶反対の論者との比較においてもまた、相違が見られる。すなわちこの事案の回答に関し、わかの妊娠中絶の否定は、穂積のように胎児の生命の価値そのものに由来するというよりも、むしろわかが一貫して主張している「人道主義」からの論理的帰結であることが分かる。わかの人道思想によれば、利己的な個人から脱却して社会的義務を自覚した「人」たる男女は、子どもの存在を第一に考え、またその「生まれながら、不平等な人間を社会的に平等に取り扱う」という「社会正義」を、子どもに教導していかなければならない。こうした平等要求を核にもつ人道思想においては、そもそも子の出自は問題ではない。そのうえいったん子ができた以上、その子の存在を否定し夫婦の仲を優先することは本末転倒ということになる。わかにおいては「母」として愛を注ぐことが、女性が理想的人格に到達するための条件である。いかなる事情があっても、女性が自身の子（胎児であっても）を否定することは、わかにとっては自己否定に他ならないのだ。そのため、「堕胎」という強度に法制度に関わる問題でありながら、相談者に対し、わかは法的な情報にはいささかも触れることはなく、ただ、自らの人道の倫理を答えたに過ぎなかったのである。

五　わかの「堕胎観」――『青鞜』における「もう一つの堕胎論争」

「堕胎」はわかにとって、人道主義に対する敵対行為のまさに典型例であった。この新聞紙上と学界を巻き込み繰り広げられた「堕胎論争」以前に、わかは、自らの「堕胎観」を詳細に表したことがある。この原点に立ち返ることで、わかの目指す「正しい道」はより鮮明となる。話は、わかが文壇に登場してそう間もない頃、一九一五年の『青鞜』紙上で繰り広げられた「もう一つの堕胎論争」にまでさかのぼる(54)。

発端は、原田皐月が発表した一片の小説に始まる。「獄中の女より男に」と題するそれは、妊娠中絶し獄に囚われたある女性が、恋人の男に対し裁判官とのやり取りを手紙で綴るという形式で書かれている。この女性は、裁判官に妊娠中絶の悪を罵られても、悪かったのは妊娠中絶自体ではなく、妊娠しないよう注意を怠ったことのみだと主張して譲らない(55)。裁判官の怒りを前に、女性は答える。

「女は月々沢山な細胞を捨てています。受胎したというだけではまた生命も人格も感じ得ません。全く小さな母体の附属物としか思われないのですから。本能的な愛などはなおさら感じ得ませんでした。そして私は自分の腕一本切って罪となった人を聞いた事がありません[56]」。

そして、このとき母は子を自分のために捨てるのではなく、子のために捨てるのだとし、胎児が母体の中にあるうちは、母が胎児の幸福と信じるとおりにこれを決定することは、母の権利であると主張した[57]。

この挑戦的な短編に対し、伊藤野枝は同号において反論を掲載した。それは、身体感覚から出発して妊娠中絶を定義づけるものであった。すなわち伊藤によれば、たとえ体内にいる卵に過ぎないものであっても、自分は率直に胎児の命を感じざるを得ないということ、そしてその命を「不自然なかたち」で殺すことは許されない、というものである。しかし同時に、生活の窮迫という切迫した事情があることも看過できないとし、このとき女性は積極的に妊娠中絶をするでもなく、また積極的に出産に向け肯定的となる必要もなく、ただ事を運命に委ねるべきとする、消極的な母親像が提唱されている[58]。

このような反論も同時掲載されたにもかかわらず、結局『青鞜』一九一五年六月号は風俗壊乱の責めを受け発売禁止処分となる。直接的に原田や伊藤と議論することはできなくなってしまったため、わかは『青鞜』一九一五年八月号において「青鞜の発売禁止に就て」という松本悟郎のエッセイに対する感想という建前で、主に原田に向けたと思われる反論を発表している。

わかはまず、読者にとってはやや唐突と思われる根拠から演繹を始めることによって、論証を進めている。すなわち、人間の幸福は人智により完全に把握することは不可能な、「自然の法則」

に従って生きることから始まるとしている。この自然の法則とはおそらく、西洋の伝統思想における「自然法」の概念を指しているものと思われるが、そのうえでわかによれば、この法則は、宗教や哲学等によって不完全ながら部分的には解明されており、その解明された部分が、社会において道徳として現れるのだと主張する。したがって、その時代の諸科学の発展に応じ、この発見内容は進化することになる。結果、この意味で全時代を通じて不変の道徳は存在しない、との見方が示される。ところがこの道徳の中にあって、過去現在に亘り、「不変の光」を投げかけている唯一のものがあるという。それこそが母性なのであり、エレン・ケイの言を引きながら、「道徳は母の愛から出発した」と断言する。[59]ここに母の愛は、自然法則＝自然法に則るばかりでなく、変容する道徳の中にあって、なお確固とした不変性・普遍性を有するものとして位置づけられる。

他方、人間観についても、すでに「人道」へと至るイメージの萌芽が見られる。すなわち、人間は社会的な存在であり、絶対の自我はない。自分一人を守り社会を無視するのは本末転倒であり、人間の生きる目的も幸福もそのような生き方からは得られないという。[60]

総括すると、「反自然＝反道徳＝反母性」という負の連環、また利己主義は避けなければならないことになり、ここにおいてわかは、妊娠中絶のみならず避妊も反自然の行いに含め、これらを「大きな罪悪」であると否定するのである。そして、配偶をもつ自由という人権を享有しながら、それから「必然わいて起る結果を処理する義務」を免れようとするのは、「最醜悪な卑怯」であると断じるのだった。[61]

もちろん、生活の困窮などの理由があることはわかかも承知しているが、その反論についても、後の身の上相談に見られる原理的姿勢をすでに表している。すなわち、何を犠牲にしても、時には物乞いをしてでも子の生命を繋ぐことに打ち込むべきであり、そうしているうちに生活にだんだん余裕が出て来るはずだという。確かに困窮の中ひたすら働いても、本当にゆとりをもてるか先のことは分からない、しかしそれは子をもたない場合でも同じだ、と。(62)

『青鞜』でのこの論争自体は、平塚らいてうの総括により終わっている。平塚は不意の妊娠のため妊娠中絶をするか迷っていた時期にあっても、実体験として「良心のいたみ」は感じなかったことを告白しつつ、自己実現や社会事業への従事など一定の信念や必要のもとに妊娠中絶を行うことを、「生命を侮蔑した不自然なことだからというおおざっぱな理由」から断罪することに、疑問を提起した。そして、それでももし妊娠中絶を犯罪とするのならば、国家は同時に母子を保護する法律もまた、用意せねばならないとした。(63)

以上の論争における論者の主張と比較すると、わかの小論には、わかの思想が有する原理的性質がよく表れている。このような考えが公衆に対し発現したのが、一九三二年の東京朝日新聞での論争であるといえるだろう。そして新聞紙上での論争を経た一九三三年、わかは『婦人公論』の特集「堕胎と女の立場」において、「轢き逃げ」というタイトルで再び妊娠中絶について論じている。『青鞜』から十八年、そして新聞での回答に対する非難を受けてもなお、わかの妊娠中絶に対する思想は変わっておらず、むしろその舌鋒はより苛烈になっている。(64)

『青鞜』で述べた、配偶をもつ権利のみを享有するのはよくないという批判はそのままに述べ、さらに「妊婦は自分の抱いている胎児に対する全責任をもって」おり、「自分の求めた子供でも求めない子供でも、子供に対する責任は同じです」、という。そして母体の生命を救うための妊娠中絶は、「変則」としてやむを得ない場合があるが、変則は変則であり、決して標準とはならないとする。

変化が見られるのは、堕胎罪の処罰対象として、男性も追加するべきという点である。「子供は母一人で造ったのではないのに、また、多くの場合、父の意志の方が強烈であったであろうのに、あるいは、また、女の意志ではなく、全然男の暴力の結果であったであろうのに、その男の罪を見逃しているところに法の不備がある」と指摘し、妊娠中絶に対しては女性よりも男性を重く罰するべきと主張した。そして、自動車による轢き逃げの例を引き合いに、車に轢かれた者が罰せられ、轢いたほうを無罪とするかのような堕胎罪の規定を、「男子中心思想の標本的現れ」として批判する。

この段階にあって、堕胎罪に潜むジェンダー偏差に対し、より自覚的になっているとはいえる。しかし、いずれにせよ母体の生命の危機でもない限りは、産んで育てなければならないという、あまりにも楽観的な姿勢に変化はない。そしておそらく、母体の生命の危機に、変則として生命救助としての妊娠中絶が認められるという発想も、女性の自己決定権と胎児の生命権の比較衡量などから得た着想ではなく、肝心の母が死んでしまっては家庭が構築できない、という意識があったからであると推察できる。わかの人道の思想からすれば、本質的な生命論や女性の人権論へ議論を到達させる以前に、妊娠中絶の可否は人道論の必然的帰結として決定できるのである。公衆に理解されたかどうかは別として、身の上相談は実に、この人道の思想を広めるためのメディアとして機能したといえる。

だがこの身の上相談は、原理論を貫くだけではどうにもならない、女性たちの悲惨な現実をもわかに知らしめた。また一方でわかは私生活において、恵まれない人びとのために自宅を開放し、決して豊かではない生活の中で、育児や家政に奔走していた[65]。わか自身、かつてこのように述べていたことがある。

「一番大きな社会問題は、人間が人間らしくなる問題、すなわち人道問題であります。そして、この人道問題を完成する、いい直せば、人間が人間らしくなるについてのまず第一の障害物は、貧乏です[66]」。そして、「貧乏を醸造するいろいろの原因のうちで、家庭崩壊ということは、最大原因であります[67]」。

この認識からも分かるように、万人にとっては精神論だけでは生きていけないことが、ましてや人道を完成させることが困難なのは、真に迫っていたことと思われる。そしてこの主因は、家庭崩壊である。わかが母子保護法の制定運動に本格的に参与し始めたのは、ちょうどこうした時期のことであった。

六　「母子保護法」制定運動の思想とその帰結

東京朝日新聞紙上で担当した身の上相談の経験は、わかに母性保護運動に深く参与する動機を与えた[68]。それだけでなく、メディアで大々的に掲載される身の上相談は、母親の置かれているリアルな窮状を広く社会に伝え、世論形成のうえでも母性保護運動の機運を高めるよう機能した[69]。実際、第一次世界大戦後の失業者の増加、関東大震災や金融恐慌、東北・北海道地域での大凶作などを原因に、昭和初頭からは親子心中、中でも母子心中が急速に増加した。一九二七年七月から一九三五年六月までの八年間で、無理心中を含む心中事件は総計で一七三五件発生し、死亡者のうち母親は一三六八人、子どもは二七〇〇人にものぼっている[70]。当時、母子世帯において児童を預かる施設はなく、何らかの理由で夫を失い母子世帯になることと、死ぬことは究極の二択であった。また、仮に夫が健在であったとしても、充分な職が得られなければ、結局は一家全体が路頭に迷うことになった。わかがどれだけ家庭価値を称揚しても、それはあまりにも高尚な理念であって、現実の社会制度は家庭の保護とはかけ離れたものだったのである。

折しも一九三四年七月、夫嘉吉が七十歳で逝去する。わかが、五十四歳のときのことであった。この死によって図らずもわかは、母子保護法制定運動に積極的に加わる時間的余裕を得ることとなった。わかの後半生の活動は、執筆・講演に重点を置いた評論家的な活動から、実際の運動への参与と、保護を要する母子の救済事業の立ち上げに重点が移っていく[71]。後者の活動としては、一九三五年七月「母を護るの会」を設立し、東京の四谷区に置いた奉仕部による屑物回収業を通じて資金を集め始めた。やがてこの事業は、一九三九年に西大久保の廃品処理場として正式に認可を受け、窮状にある母たちに生計の糧を与えることとなった。そして「母を護るの会」は、この廃品回収から得た利益と寄付を元手に、同年四月、渋谷区に幡ヶ谷母子寮・保育施設を開設した。この施設の系譜は、現在では児童養護施設「若草寮」(渋谷区幡ヶ谷)に至り、後世に引き継がれている。また、回収業による利益は同時に、母子保護法制定運動の推進母体となった母性保護連盟の活動資金としても供された。以降は、わかが委員長として就任したこの母性保護連盟の活動と、その帰結としての母子保護法の制定までの過程を追う。

そもそも母子保護が日本で最初に組織的要望として現れたのは、一九一九年の救済事業調査会による「母子保護法」の提唱に始まるとされる。[72] 民間においては、一九二〇年に平塚らいてうや市川房枝、奥むめおらを中心に、新婦人協会が結成された。協会による主要な主張は女性参政権の獲得であったが、それは「婦人、母、子どもの権利を擁護」する立法実現という主目的のためであった。すなわち、女性参政権は、社会改造の「手段」として位置づけられており、この意味で女性の政治参加は、母子保護問題の「一環」として取り扱われていた。[73]

このように母子保護を中心的利益とし、平塚は会の発起人としてわかに名を連ねるよう依頼している。わか自身、後年、参政権運動と母性保護運動は「相衝突するような性質のものではなく、むしろ、お互いに助け合うようになっているのは勿論」との見解を示しているが、[74] この時点では、結局その誘いを断った[75]。わかにとっては、従来主張してきたのは「母子保護」ではなく、あくまでも母を中心とした「母性保護」が主眼であったため、協会の主張との微妙なずれを認識したのかもしれない。その代わり、協会が促進するセツルメント事業のような社会事業については支持を示し、評議員としての参与に留まっている。わかにとって社会事業とは、「母の仕事を完成させるための手伝い」である[76]。そのため協会がもつ支援的側面は、わかの思想と合致したのだろう。こうして、協会とはいったん距離を置いて、わかが取り組み始めたのは、個人雑誌『婦人と新社会』の編集であった。もっとも、この雑誌こそが、個人雑誌としての利を活かし、わかの母性保護思想をダイレクトに世に放つ、個人メディアそのものであった。

母子保護法制定運動自体は、最終的に母性保護連盟の活動期において、その目的を達成する。ただ、連盟の運動が展開されたのは、すでに戦時体制下に入りつつあり、民主的運動が抑圧される中でのことであった。この時局がのちに見るように、運動の方向性をも決定付けることとなる。そしてわかが先の堕胎論争を経て運動に乗り出したのは、このように母性保護運動の最たる展開期にあって、満を持しての機であった。

母性保護連盟は、女性団体や女性個人から構成される本格的な母性保護運動を担った団体である[77]。その目的は、母性保護に関する法律の制定促進を、社会事業としてのみならず、女性運動として進展させることにあった。連盟の母体となったのは、一九二四年に久布白落実や市川房枝らを中心に結成された、新婦人協会の流れをくむ婦人参政権獲得既成同盟（翌年に婦選獲得同盟と改称）であった。同盟は、主目的である女性参政権が議会内で実現の目途が立ちつつあった（実際は一九三一年の満州事変をきっかけに議会での女性選挙権をめぐる議論は立ち消えとなる）一九二八年より、公正な政治の実現、政治と家庭の密接化による国民生活の安定、女性や子どもに不利な法制度の改廃などを理由に、婦選以外の問題も検討課題とするようになっていた[78]。これらの理由が加えられた背景には、来るべき婦選導入後の社会に向けた公正な指導者像の創出、また婦選問題をより一般的な問題とするために「政治と家庭」が密接な関係にあることを知らしめたいとする、わかの提言が影響を与えたことが指摘されている[79]。

もともと日本の婦選運動は、新婦人協会から同盟に至る系譜においては、前述のように、参政権獲得を、人権としてよりもむしろ女性にとって不利な制度改廃のための「手段」として認識していたという特徴があった。そのため、同盟の根本的な意思としては、母子保護のための新しい法制度の構築に向けた問題意識のほうが、より強くあったとされる[80]。婦選運動自体は、一時の高まりを見せたあと、戦時体制強化とともに現実味を失っていく。その結果、母性主義の制度的実現という課題は、戦中にあって、「第二の国民の健全育成」という母子保護の指標とともに、戦時国家にも主張しやすい効果的な政策として、前景化するのである。

一九三四年二月の第五回全日本婦選大会においては、婦選獲得同盟や社会民衆婦人同盟など婦選団体の後援のもと、「母子扶助法の即時制定」の要求が決議された。以降、この要求実現のための組織構成が練られ、わかは自宅を委員会の会議の場として提供するなど、中心メンバーとしていての関わりを深めていった。そして一九三四年九月、多くの女性団体が結集し、ついに「母性保護法制定促進婦人連盟」（一九三五年四月の第一回全国委員会で「母性保護連盟」と改称）が成立、委員長はわかが務めることとなった。

この連盟は、メンバー間でイデオロギーや政治的姿勢は必ずしも一致しておらず、その最大公約数として一致できる主張において、結成の日の目を見た団体である。[81] こうした組織におけるわかの委員長就任は、「やや現状肯定的なその立場と鷹揚で度量の広い人柄が、複雑な人的構成をもつ連盟のかなめとして、また反動化しつつあるその時代に新たなる婦人運動を展開するための看板として、人をえたもの」と評価される。[82] 連盟の両義的性質は、一九三四年『婦選』十月号で発表された母性保護法要綱案からも窺えるだろう。すなわち、父の疾病や失業、半失業時など、夫が生存している場合でも保障の対象を広げ、また婚内子だけでなく婚外子も保障の対象とするなど、一方では当時の「イエ」的家族を超える内容をもつものの、他方において救済の対象は、母自身への援助・自立よりも子の育成を中心に考えられているものであった。

一九三五年二月に同盟は、議員の仲介を得て、母性保護法私案を挿入した「母子心中対策樹立に関する請願」を貴族院に、「母子扶助法制定に関する建議案」を衆議院へ提出した。[83] 請願においては、現今においておびただしい数の親子が心中により死亡していること、またその原因に夫の死亡や遺棄、そして夫の不品行による家庭内不和からくる経済難があると指摘された。そのうえで、「国家的にみても母性並に第二の国民が、かくして亡び行くことは重大問題」とし、母子

扶助法の制定や母子ホームの設立が請願されている。(84)

衆議院への建議案も、同趣旨である。加えて同案では、当時の児童救護法の在り方も問題視されている。すなわち児童救護法での救済対象は、十三歳未満の子女と一歳未満の乳児保育中の母のみに限られていた。また金銭援助も一人一日二十銭のみと、多くの母子にとって生活が維持できるような水準ではなかったのである。そこで同盟は、「政府は速に救貧法と立場を異にする母子扶助の法律を制定し母子の生活を保障することに依り貧家への転落を防ぎ母をして安心して第二国民の養育に専念せしめられむことを望む」、と強く訴えている。いずれにせよ母性が向かう「子」は、普遍的な子としての属性ではなく、「第二国民」という対国家的性質が強調された、戦時国家に相応しい表現となっている。

一九三六年五月には、社会民衆党(同盟の構成団体である社会民衆婦人同盟の母体政党)の片山哲議員より、母子扶助法案が第六九回帝国議会に提出される。同法案は会期切迫を理由に審議未了と終わるも、一九三六年十二月には内務省社会局により、「母子保護法」として法案要綱が正式に発表されるに至った。この間において、連盟側は子に差別があるべきでないという観点から、「私生児」もまた保障の対象とすべきことを強く訴えた。これはわか自身の立場でもあり、わかはかつて英米の母性保護法に言及する際、非婚の母も保護の対象としていることを好意的に紹介している。(85)こうして連盟は、法案における保護対象を、単に「子を擁する母」(第一条)と記述させ、婚外子とその母を対象に含ませることに成功した。しかし、夫失業の場合については、予算膨張を理由に対象から除外された。また、子どもの対象年齢も、同盟の主張する十五歳以下から十三歳以下に引き下げられたうえ（第一条）、女性委員による母子相談についても、市町村長の補助事務への従事に置き換えられることとなった（第五条）[86]。

かくして母子保護法案は、一九三七年二月、第七十回帝国議会本会議に原案のまま提出、三月には衆議院・貴族院ともに全会一致で通過し、同年三月三十一日に母子保護法が公布されることとなった。同盟は、この法律の将来的運用に多少の問題意識を示しつつも、「満腔の喜びを以て迎える」との声明を発表した。結局のところこれは、生活に窮する母親に政府から補助金を支出し援護するという、運動の出発点にあった目的とほぼ同じものであったからである。しかもわかについていえば、社会福祉財政の都合とはいえ、夫失業の場合が対象とならなかったのは、まずもって父＝夫に対し、家庭の経済的責任を負わせるべしとする、自身の思想に合致するものであった[87]。

また、母子保護法とわかの思想の合致点は、制定運動の時局上のキーワードともなっていた「第二の国民養成」のため、という立法目的においても見出せる[88]。もともとケイは、「種族（ケイにおいては人類のことを指す）の改良」こそ女性のみが果たせる社会的使命であるとしており、わか自身、ケイの結婚観とフランシス・ゴルトン[89]の優生学の間には著しい調和があると指摘している[90]。「今や愛を基礎とする結婚を奨励することによって個人の幸福と人種改良の要求とがぴったり調和するとケイ女史は言っております[91]」。このようにケイの思想を受容したわかは、母性保護とは、「不良ないし悪人を未然に防ぎ、優良なる国民を創造して行こうとするもの」であるとも述べている。こうした背景をもとに、母子の扶助は現に存在する要救護者への救貧対策とは異なり、あくまで母性保護を目的とした事業として行われるべき、と主張されてきたのだった(92)。

このようなわかのスタンスは、同盟委員長の就任後も変わらず、そればかりか同盟は性病予防のプロパガンダ映画『血の敵』上映活動を後援し、しばしば協賛講演も行った。性病の保因者という「不良因子」の途絶、これはまさにケイに内包される優生思想の再演であろう。これら一連の活動や発言は、先の堕胎論争におけるわかの回答や、人道主義の一内容としての平等要求とは、矛盾するといわざるを得ない。母子を市井の人として具体的なイメージの中で捉える際には、わかは子の選別を許さない。しかし、国民という大文字のカテゴリーで語られる母子関係には、そのわかにあってさえ、「改良」という名の選別の思想が混入してくるのである。この矛盾が放置されたことが、母子を分け隔てなく支援するはずの母性保護運動において、母性保護と関わりのない国家主義的コントロールを受け入れる素地を与えることになったといえる。そしてその結果、母子保護法に対して、戦時体制に迎合していったというような否定的評価が、戦後目立つことになったとも指摘されている(93)。

七　人道主義の始末

それでは最後に、宿願であった母子保護法の制定を経たあと、わかの人道主義は、どのようにわかの思想と行動に影響を与えていくことになったのかを見てみよう。通常描かれるように、戦間期のわかは、積極的な戦時協力者あるいは転向者の範疇《はんちゅう》に、吸収同化されることになったのか。戦争が激化していく中、わかの人道主義の帰結は、次の二点から考察することができる。

一つは、国家主義との「共鳴」である。もともと家庭は国家の礎であることを謳いつつ、同時に女性の役割は平和主義の推進であるとも主張していたわかは、大戦をどう見たのか。身の上相談の中に、この認識を示す端的な一文がある。

すでにわかは『主婦之友』誌面で、「銃後の母」と呼ばれ、確固とした地位を築いていた(94)。同誌一九四二年五月号「許婚者が病気のため親類が解消を迫る」との相談においては、何かにつけ財産相続に口を出す親類の言に揺れ、肺を病んだ許婚《いいなずけ》との結婚を迷う相談者が登場する。わかは相談者に対し結婚を勧め、さらにその親類たちは金銭欲に憑かれた「英米的な」人たちであって、「断じて排斥すべき」と答えている。そして、「あなたが人らしく、殊に日本婦人らしく節操堅固であること」が重要であり、「いまの日本帝国の態度と同じように、正しきことのためには、確固不動の態度をおとりになることを希望いたします」との語で結んでいる(95)。

わかにとって正しいこととは、すでに見てきたように、人道主義の実践である。そしてここで、わかはこの人道主義をまた、天皇制とも結び付けている。わかはかつて、人道主義とは単なる優勝劣敗ではない「価値の保存」に重きを置く考えであり、これを制度化したものが日本の皇室であると位置付けていた[96]。すなわち、「古き善きもの」を、単に競争原理に依らず時代を超えて保存してきているのが、天皇制であるという認識である。わかはこうした制度について、物質文明において西欧に後れるものの、「この人道主義は世界の誇るべきもの」と述べている。わかのイメージする日本は、この人道主義と天皇制の蜜月関係において存在し、ここに人道の担い手たる日本帝国と、個人主義・女権主義の表象たる英米が対峙する。わかがかつてより主張していた人道主義は、大戦期における英米の敵国視と遂に共鳴し合うのである。

もう一つの人道主義の帰結は、先にわかが宣言していたように、何をおいても家庭の尊重を優先するということである。誌面上、わかによる戦前最後の身の上相談（「戦時生活相談」と改称している）である『主婦之友』一九四四年四月号の内容[97]は、夫が出征し不在のため、自分は挺身隊に入って国家に貢献したいが両親に反対されているという、妻からの相談であった。これに対しわかは、その心がけをほめながらも、あくまで夫、両親の了解を得たうえで行うことを勧めている。大戦末期にあっては通常、このような志願は無条件で推奨されたであろうが、わかにあってはそのような状況でも、まずは家庭を顧みてからという原理が堅持されている。

ここに、わかが単に国家主義へと傾倒していったわけではないことが明らかだろう。わかはこの期に及んでも、人道の原理を崩してはいない。しかし不幸であったのは、わかの人道主義と時勢の国家主義とが、あまりにもよく同期することである[98]。この原因はやはり、わかの人道の思想そのものに起因するといえる。わかはそもそも、個人性と社会性を、恒久的に併存し葛藤する同等の価値というよりも、個人性の超克として社会性を捉えていた。それは前述のように、わかが個人主義を、社会性の獲得へと至る単に「地ならし」、あるいは通り道のようなイメージとして語っていたことにも表れている。こうした個人道徳観は、わかの権利観にも見て取れる。わかは人権を、侵されざる天賦のものではなく、社会的・外的利益にもとづく制約ありきのものと見ている。だからこそわかの所論では、天賦の権利論というよりは、天賦の義務論的原理主義が、より強調されることになる。その一つが、堕胎論争で展開された、自然法＝自然の法則による義務的母性である。そして、わかの道徳観である人道の理想の頂点に、先述の天皇制があるのならば、総動員体制にあってこれほど馴染む母性思想はないといえるだろう。

ただ、おそらくわかは、ひたすらに人道主義に邁進しているという自意識はあっても、自らが国家主義に接近している（あるいは国家主義がわかに接近している）という自覚は欠いていたのではないか。この人道の原理にどこまでも忠実であった姿勢は、戦後、現行憲法が施行され「個人の尊重」が理念として普及したあとにおいても、変わっていないのである。むしろわかは、現行憲法における個人像を自己流に解釈したうえで、今や女性が憲法を曲解して、男性のように放縦となって家庭を破壊していると非難している。

「新憲法の精神を了解せず、ただ徒らに、女も男と同等に自由になったのだと思いこみ、『家庭へ束縛されている生活は我慢出来ない。自分の一生を子供の犠牲で終わりたくない』と宣言する中年婦人がボツボツ現れて来ました(99)」。

「武力の戦争には負けても、日本国民は其の精神迄は負けはしなかった筈です」。「新憲法を曲解して奔放に流れ出してきた日本女性のたましいの入れ替等、為さねばならぬ仕事は山積していますが、そのいずれもが、教育家諸氏の手に待つ処大であることを痛感しております[100]」。

一九五一年、家庭裁判所相談員としての戦後経験を通じての、わか晩年の言である。戦前戦後を通じて、国民意識に変容が生じてなお不変であったわかの姿勢から、わかはまさに原理の人であったということができるだろう。そしてこのような原理と直結するからこそ、わかの相談援助は率直・明快・強烈であった。先に述べたように、わかは相談援助を、「干渉ではない指導」と「相談者の気持ちになりきっての希望の達成」と位置付けていた。だが実際に、わかの身の上相談は、わか自身が実現したい人道の世界と因果のないものであったのか。相談者への不偏の支援という観点からは、やはりその相談者適格への再考が求められるのである。

補論

妊娠中絶と人権

「妊娠中の女子が薬物を用い、又はその他の方法により、堕胎したときは、一年以下の懲役に処する」。この刑法二一二条「自己堕胎罪」こそが、いわゆる堕胎罪として知られる規定だ。これは一九〇七年に現行刑法が成立して以来、現在まで変わっていない。わかが見ていた堕胎罪は、百年以上が経過した今でも存在している。すなわち女性が自分の意思で妊娠中絶をすることは、原則として今も違法なのである。しかし同時に、この規定の存在は一般にはほとんど知られていない。そもそもこの堕胎罪規定は、ほとんど適用されてすらもこなかった。

その背景にはさまざまな理由があるが、特に重要な要因が、一九四八年に施行された優生保護法である。この法律は、戦後の人口爆発に対し、調節弁として機能することが期待され導入された。妊娠中絶を厳格な取り締まりの対象にしたままにしておくと、食料事情や教育・労働・保健衛生環境の整備が追い付かないままに人口が増えてしまい、社会不安が増すと懸念されたのである。そして施行当初は、「胎児が母体外で生命を保続することができないときに」、「優生」すなわち「優れた生命」を選別するために、障害を理由とする妊娠中絶を、合法的な「人工妊娠中絶」として解禁したのだった。

優生保護法の大きな転機は、一九四九年に訪れる。同年に追加された「経済的事由」によって、経済的困窮を理由とした妊娠中絶もまた、許容対象となった。そして結果として、多くの妊娠中絶がこの名目で実施され、自己堕胎罪は完全に有名無実化した。経済的事由は、一九五三年六月十二日厚生事務次官通知によれば、現に生活保護を受けているか、または妊娠を継続すれば生活保護を受けるに至るまでの困窮に陥る状況にあることが、その指標とされている。しかし、女性が実際にどのような経済的状況にあるかは、厳密にはチェックされなかった。そもそも妊娠中絶を求める女性に対し、医師が逐一その経済的状況を調べることなど不可能である。女性が医師に自己申告すれば、医師はこれをたいていは拒まず、必要な妊娠中絶を実施したのである。こうして経済的事由のグレーな運用によって、事実上、ほとんどの妊娠中絶は「合法的」に実施された。だが同時に、現に自己堕胎罪は存置され、経済的事由の公的な適用条件も明らかにされている。そのため、もし国家がこの条件を厳格に取り締まろうとしさえすれば、妊娠中絶はいつでも禁止できる状態にあったのだといえる（事実、一九七二年などには、中絶規制を強化しようとする動きが政府・国会に見られ、女性運動によって阻止された経緯がある）。

優生保護法は、その後どうなったのか。一九九五年の第四回女性会議（北京）で、この法律は世界に向けて告発されることになる。胎児に障害があれば妊娠を中絶できるという条項は、優生思想の発露として、生命の選別、すなわち障害者の出生前排除を法的に許容する政策だと批判されたのである。障害者に対する国家的な人権侵害がいまだに日本で横行している、こうした国内外からの批判を受け、一九九六年六月、優生保護法は国会でのスピード審議を経て「母体保護法」へと改正された。この結果、胎児障害にもとづく妊娠中絶は合法ではなくなり、障害者の人権については、一定程度、改善されたといえる。しかし、その他の条文に大きな変化はない。妊娠中絶は国家によって認められた特定の要件内でしか、現在でも実施できない。

妊娠中絶を合法的に行うための要件は、現状では次のとおりとなっている（母体保護法十四条一項）。胎児に母体外での生存可能性が無いとき（現在は妊娠二十一週まで）、①身体的理由により母体の生命に危機が及ぶ場合（医学的事由）、②経済的理由により母体の健康が著しく害される場合（経済的事由）、そして③暴行または脅迫などによる妊娠の場合（倫理的事由）である。

ところが以上に加え、「配偶者の同意」すなわち男性の同意がなければ、妊娠中絶はできない（居所不明や死亡等は除く〈同法十四条二項〉）。これも優生保護法から、そのまま現代に引き継がれた条件である。身体的負担を一切伴わない男性が、実際に出生後の子にどのような責任を負うのかも定かでないままに、性的関係において妊娠の契機を「協働」したことをもって、女性の決定を事実上、覆すことができるのだ。条文上は、女性の生命に危機がある場合にすらも、この同意権は行使されうる。このように、日本では女性の妊娠中絶、ひいては自己の身体の決定権は、決して人権としては保障されてはいないといえる。

国際的にはどうだろうか。確かに、妊娠中絶を完全に人権として認めている国はまだ少ない。ただ、例えばアメリカでは現在、妊娠中絶はプライバシー権（アメリカでプライバシー権とは、私的な事柄を公権力から干渉されず決定できる権利一般を指す）として法的に認められている。ドイツでは、女性の身体の決定権は、女性の人格権の一部として認められている（ただし胎児の生命権も認めている）。オランダでは、人権という言葉は法文では使われていないものの、妊娠中絶の理由に関しては女性の意思のみでの決定が認められ、保険によってあらゆる中絶費が補償されることから、事実上、人権として認められているといえる。しかしどの国も、胎児の生命というもう一方の保護法益との関わりから、日本ほどではないが一定の手続的な制限や期間制限が設けられているのが現状である。

現在、妊娠中絶の決定権は、「リプロダクティブ・ライツ（性と生殖の権利）」の一つとして実現していくべきとの主張がある。「妊娠中絶を自己決定する権利」は、その言説的効果として、妊娠中絶を女性の単なる自己責任として印象づけるネガティブな波及効果もある。しかし妊娠中絶は、女性本人の要因のみに起因するものではない。乏しい避妊の知識や避妊手段、男女の性役割の格差、社会的援助の欠落などによる孤立。こうした中で、ただ決定権のみを認めても、女性の人権は適切に保障されたことにはならない。妊娠中絶は、もはやそれ以外には問題を解決できない場合にやむなくとられる究極の手段であって、本来的には避けられるべきものである。つまり、そもそも妊娠中絶が必要となるような状況に至らないようにする、充実した総合的な社会的取り組みが求められなければならない。リプロダクティブ・ライツは、女性も男性も性的に自己防衛できる権利、そして社会的支援を受ける権利がなければならないというモラルを、「人間一般の権利」として表明したものである。

実は日本でも、母体保護法への改正に伴う一九九六年六月十七日参院厚生委員会において、このリプロダクティブ・ライツに関する付帯決議がなされている。「この法律の改正を機会に、国連の国際人口開発会議で採択された行動計画及び第四回世界女性会議で採択された行動綱領を踏まえ、リプロダクティブヘルス・ライツ（性と生殖に関する健康・権利）の観点から、女性の健康等に関わる施策に総合的な検討を加え、適切な措置を講ずる」という。ではこの「総合的な検討」や「適切な措置」とは、何だろうか。一つのヒントとして、女性差別撤廃条約の第十六条一項では、「子の数及び出産の間隔を自由にかつ責任をもって決定する同一の権利並びにこれらの権利の行使を可能にする情報、教育及び手段を享受する同一の権利」を確保するため適正な措置を取ることが、締約国に義務付けられている。つまり、絵に描いただけの権利を認めるのではなく、避妊の情報・手段の提供をタブーに囚われることなく可能とするような、現実の社会の制度変革が求められているのだといえるだろう。しかし、妊娠中絶やそれを取り巻く性の教育は、現状でもアクセス権が完全に保証されているとはいえない。この問題の根本にあって、妊娠中絶をタブー化する自己堕胎罪は、なお廃止されてはいない。出生前診断とそれに伴う妊娠中絶がメディアで盛んに取り上げられる一方、母体保護法は、そうした理由による妊娠中絶を、そもそも禁止している。彼女たちは、「犯罪者」なのか。解決されなければならない問題は、わかたちが女性の身体と権利について議論していた時代から、本質的には変わっていないのである。

注

(1) 東京朝日新聞紙上での相談は、抜粋が二冊の書物にまとめられている。山田わか、東京朝日新聞社編『女性相談』木村書店、一九三二年。山田わか、東京朝日新聞社編『私の恋愛観』共和書院、一九三六年。

(2) 山田わか「女性相談の担当者として」『婦人と新社会』第一四三号、一九三二年、一一〜一二頁。

(3) 金子しげり「女性相談と山田わか女史」『婦人と新社会』第一四九号、一九三二年、一五〜一七頁。

(4) 「主婦之友読者奉仕部の新陣容——山田わか女史が婦人相談担当」『主婦之友』一九三八年八月号、四三七頁。

(5) 五味百合子「山田わか」五味百合子編著『社会事業に生きた女性たち——その生涯と仕事』、ドメス出版、一九七三年、一七三頁。

(6) たとえば、五味、同書、佐治恵美子「山田わかの母性主義」『御茶の水史学』第一四号、一九七四年、住友元美「もうひとつの母性保護論」『ヒストリア』第一九五号、二〇〇五年など。

(7) 五味百合子「山田わか——人と歩み」林千代編『五味百合子女性福祉論集——学生とともに歩む』ドメス出版、二〇〇九年、一七二頁。なお五味は社会福祉学の泰斗であるが、母性保護運動に際し山田宅に設定された事務所に、一九三六年より事務員として加わっており、わかを個人的にもよく知る立場にあった研究者である。今井小の実『社会福祉思想としての母性保護論争——「差異」をめぐる運動史』ドメス出版、二〇〇五年、二五五頁註五、三一五頁。

(8) 五味もまた「人道」をわかの思想の鍵となる概念として挙げるが、これを「単純明快率直」かつ「断定的な信念の吐露」であり、「倫理主義を強調するもの」という評価に留めている。五味百合子「『婦人と新社会』解説」五味百合子監『婦人と新社会　別冊総目次、解説』東洋出版社、一九九三年、五〇頁、六〇頁。

(9) 山田わか『婦人の解放と性的教育』、東洋出版社、一九二〇年、五〜七頁。
(10) 山田わか『新輯女性読本』文録社、一九三二年、三一四〜三一五頁。
(11) 山田わか『女・人・母』森江書店、一九一九年、一三三頁。
(12) 同書、一七二頁。
(13) 同書、一七三頁。
(14) 山田わか「個人主義的思想の祟り」『婦人公論』第六巻一三号、一九二一年、五四頁。
(15) 山田、前掲『女・人・母』一七七頁。
(16) 同書、三頁。
(17) 山田わか「白蓮女史の行動は自覚か放縦か」『婦人と新社会』第二二号、一九二一年、二〇頁。
(18) 山田、前掲『婦人の解放と性的教育』一三頁。
(19) 山田わか「家族制度と個人主義」『婦人と新社会』第二一号、一九二一年、四〜五頁。
(20) 山田、前掲『婦人の解放と性的教育』、一八頁。
(21) わかの青鞜でのデビュー作でもある、オリーヴ・シュライナー、山田わか訳「三ツの夢」『青鞜』第三巻一一月号、一九一三年、「生の神の賜物」『青鞜』第三巻一二月号、一九一三年、「歓喜の失踪」第四巻六月号、一九一四年など、『青鞜』誌上では計七本の翻訳を、最終的に一九一五年二月号まで発表している。
(22) 山田わか「子を持った母の悩み——現代の悩みとしての婦人職業問題」『婦人公論』第四巻一号、一九一九年、六三頁。
(23) エレン・ケイ、平塚らいてう訳『母性の復興』新潮社、一九一四＝一九一九、一七頁。
(24) ケイ、前掲『母性の復興』一一二〜一一三頁。
(25) 『青鞜』時代のわかにエレン・ケイが与えた影響については、佐治、前掲「山田わかの母性主義」

を参照。なお、ケイの母性主義の底流には、確固とした個人主義的基礎と人権理念があり、家庭の構築によってその重要性が減じるものではない。これに対し、わかは家庭を前面に押し出し個人性を強く斥けるため、日本における個人主義的経験の欠落もあって、ケイの思想に無理解な点があるという指摘がある。今井、前掲『社会福祉思想としての母性保護論争』一九九～二〇一頁。
(26) エレン・ケイ、原田実訳『児童の世紀』玉川大学出版部、一九〇〇＝一九五〇、八五頁。
(27) 山田、前掲『女・人・母』一二三頁。
(28) 同書、一六一頁。
(29) 山田わか『現代婦人の思想とその生活』文教書院、一九二八年、二六八頁。
(30) 山田、前掲「子を持った母の悩み」六三頁。
(31) 山田、前掲『女・人・母』一六五～一六六頁。
(32) 山田、前掲「白蓮女史の行動は自覚か放縦か」二〇頁。
(33) わかはこのように、子の存在を強調してはいるが、同時に、「本当の夫婦は子供の有無が問題ではない」と考えていたことも、注記しておかなければならない。「子のないのが夫婦別れの理由になるか」という身の上相談に対し、わかによれば、人間は肉体より精神に重きを置かねばならず、その心と心の結合さえあれば、子の有無によって夫婦仲は揺るがないという。「夫婦とは、ただ子を生む機械であるかのように考えている人が多い」が、精神的に結びついてさえいれば、「たとい子供がなくても双方の心は満たされているのです」、と。『主婦之友』一九四〇年四月号、二九〇頁。
(34) 五味、前掲「『婦人と新社会』解説」六一頁。
(35) 『主婦之友』一九三九年三月号、四〇二～四〇三頁。
(36) 山田、前掲『女・人・母』一三四頁。

(37) 「過去の間違いに悩む女性へ」『婦人公論』第一八巻六号、一九三三年、五三〜五四頁。ちなみに、わかが受け取ったという手紙（葉書）の内容の一つは、わかによれば下記の通りである、「馬鹿馬鹿しい。僕は今まで山田わかを買いかぶっていた。男と生まれて、妻に恋人があることを知らされて、べんべんとそんな女を抱いていられるかっ！　馬鹿を言うのもいいかげんにして貰いたいッ！」（五五頁）。

(38) 山田、前掲「過去の間違いに悩む女性へ」五五頁。

(39) 五味百合子「解説」『近代婦人問題名著選集　第八巻――現代婦人の思想とその生活』日本図書センター、一九八二年、七頁。

(40) 山田わか「女性相談を通じて見た世相」『婦人と新社会』第一三六号、一九三一年、一六頁。

(41) 山田、前掲「過去の間違いに悩む女性へ」五五頁。

(42) なお下村は、第二次世界大戦終結に際し、鈴木貫太郎内閣情報局総裁として、玉音放送のセッティングと、ポツダム宣言の受諾に貢献した人物でもある。

(43) 山田わか「女性相談の事実の脚色化」『婦人と新社会』第一四七号、一九三二年、一七頁。

(44) 山田わか「一すじにあらまほしきものは」『婦人と新社会』第一四七号、一九三二年、一五頁。

(45) 石崎昇子「日本の堕胎罪の成立」『歴史評論』第五七一号、一九九七年参照。一六四八年の江戸市中禁制や、一八七三年の改定律例などで、妊娠中絶が取り締まりの対象とされた前例はあるが、これらは生業としての妊娠中絶を禁じるものであった。すなわち立法目的としては、妊娠中絶をした女性自身を罰する規定として定められたものではない。

(46) 石井美智子「優生保護法による堕胎合法化の問題点」『社会科学研究』第三四巻四号、一九八二年、一一九頁。同論文は、後述の学界内での議論についても詳しい。

(47) 勝本勘三郎「堕胎罪ト遺棄罪トニ付テ」『内外論叢』第五巻一号、一九〇六年。

(48) 岩井尊文「堕胎罪に就て」『法律新聞』第一九四三号、一九二四年。
(49) 溝江亮一郎「堕胎罪を論ず」『早稲田法学』第九号、一九二九年、四七〜四八頁。婚姻中の夫による懐胎については、中絶に際し夫の同意を要件とする留保がある。
(50) 牧野英一「法律の社会性」『中央公論』第五三二号、一九三二年。
(51) 穂積重遠「生命の尊重」『中央公論』第五三二号、一九三二年。
(52) 小泉英一『堕胎罪研究』巌松堂書店、一九三四年、二五四〜二五六頁。
(53) 同書、二五八〜二六五頁。
(54)『青鞜』での同論争に関する近年の文献としては、松尾純子「雑誌『青鞜』における「堕胎論争の一考察――妊娠した原田皐月・伊藤野枝・平塚らいてうにとっての母になること」法政大学大原社会問題研究所、原伸子編著『福祉国家と家族』法政大学出版局、二〇一二年を参照。
(55) 原田皐月「獄中の女より男に」『青鞜』第五巻六月号、一九一五年、三五頁、三七頁。
(56) 同書、三六頁。
(57) 同書、三九〜四〇頁。
(58) 伊藤野枝「私信」『青鞜』第五巻六月号、一九一五年。
(59) 山田わか「堕胎に就て」『青鞜』第五巻八月号、一九一五年、三一〜三二頁。
(60) 同書、三三〜三四頁。
(61) 同書、三四頁。
(62) 同書、三四〜三六頁。
(63) 平塚らいてう「個人としての生活と性としての生活との間の争闘について」、平塚らいてう著作集編集委員会編著『平塚らいてう著作集第二巻』大月書店、一九一五＝一九八三、四八〜四九頁。
(64) 山田わか「轢き逃げ」『婦人公論』第一八巻五号、一九三三年、一七五〜一七七頁。同様の趣旨は、同年出版の『婦人と新社会』一五八号「男子中心思想の標本的現れ」、一一～一五頁でも展開されている。
(65) 五味、前掲「山田わか——人と歩み」一七〇～一七一頁。
(66) 山田、前掲『現代婦人の思想とその生活』五二一頁。
(67) 同書、五二二頁。
(68) 今井、前掲『社会福祉思想としての母性保護論争』二四〇頁、二六八頁。
(69) 同書、二三九頁。
(70) 一番ヶ瀬康子「母子保護法制定促進運動の社会的性格について——母子保護法制定史（一）」『社会福祉』第一三号、一九六六年、三四頁。
(71) 五味、前掲「山田わか」一七六～一七七頁。
(72) 一番ヶ瀬、前掲「母子保護法制定促進運動の社会的性格について」三六頁。
(73) 今中保子「戦前における母子保護法制定運動の歴史的意義」『歴史評論』第三六二号、一九八〇年、八五～八七頁。
(74) 山田わか「母性保護運動の過去及び現在」『婦人と新社会』第一一一号、一九二九年、一頁。
(75) 佐治、前掲「山田わかの母性主義」二七頁。わかが発起人となるのをあえて断った理由には、書斎人である平塚のリーダーシップへの疑問があったという説もあるが、母性保護に関し平塚が社会改造を重視したのに対し、わかは人間改造、とりわけ「個々の家庭の建設」を重視するという、決定的な思想的相違があったからとも推察されている。
(76) 山田、前掲『現代婦人の思想とその生活』四九六頁。
(77) 一番ヶ瀬、前掲「母子保護法制定促進運動の社会的性格について」三九～四〇頁。
(78) 今井、前掲『社会福祉思想としての母性保護論争』二八四～二八五頁、二八八頁。

(79)同書、二九五頁。
(80)同書、二九六〜二九八頁。
(81)一番ヶ瀬「母子保護法制定促進運動の社会的性格について」前掲、四〇頁。
(82)五味、前掲「山田わか」一六九頁。
(83)以下、一番ヶ瀬、前掲「母子保護法制定促進運動の社会的性格について」四三〜四六頁参照。
(84)一九三五年には、東京市への連盟の働きかけにより、母子ホームを設置することが決まり、翌年一月に、東京市に初めて市営の婦人宿泊所が、「恵和母子寮」の名で開かれた。同書、四八頁。
(85)山田、前掲『現代婦人の思想とその生活』四一二〜四一三頁。
(86)今井、前掲『社会福祉思想としての母性保護論争』三一五〜三一六頁。法律の全文は同書三七四〜三七五頁に掲載。
(87)同書、三一七〜三一八頁。
(88)この「第二国民の育成」は、わかのもう一つの事業である、幡ヶ谷母子寮、保育園施設の概要(一九三九年)においても記されている。いわく、「母を護ろうとする国家の意向と相呼応して現下の難局を乗り切り得るような皇国の民にふさわしい第二国民養成のため此の事業に邁進」する、と。五味、前掲「山田わか」一七七頁。
(89)イギリスの統計学者・遺伝学者。優生学の語を初めて使用し、優良な血統の選択によって人間を遺伝的に改良できると主張した。
(90)山田、前掲『婦人の解放と性的教育』、四〇頁。
(91)同書、四一頁。
(92)山田、前掲「母性保護法の過去および現在」九頁。なお、ケイの目指した「人類」の改良が、わかにあっては「国民」の改良と混同されているとの指摘について、佐治、前掲、一二六頁。

(93)今井、前掲『社会福祉思想としての母性保護論争』三二五〜三二六頁。
(94)『主婦之友』一九三九年八月号より、この肩書きがわかのキャッチフレーズとして用いられている。
(95)『主婦之友』一九四二年五月号、七七頁。
(96)山田わか「適者生存の人道化が我が皇室の万世一系」『婦人と新社会』第二〇号、一九二二年、巻頭。
(97)『主婦之友』一九四四年四月号、九〇頁。
(98)佐治もまた、「わかの悲劇は、この主張、すなわち帝国主義的進出のための人物改造が、先の平和的人物改造という主張に包まれてあったことである」と指摘する。佐治、前掲「山田わかの母性主義」二六頁。
(99)山田わか「教育家諸氏に期待する」『教育技術』第六巻七号、一九五一年、八九頁。
(100)同書、九一頁。

第五章　山田わかの反女権論とファシズムの時代

――盟邦ドイツ・イタリアへの特派

弓削 尚子

一　今、なぜ山田わかを読むのか

『青鞜』への寄稿で評論家としてのスタートを切り、生涯を通じて母性の尊さを訴え、母子保護の必要性を唱えた山田わかは、昭和戦前期に最も存在感のある女性運動家の一人であった。新聞や雑誌の身の上相談の回答者として、山田は苦境にある多くの女性に寄り添い、母性愛と家庭愛に生きるよう励まし、叱咤した。一九三七年に、生活に困窮する母子の扶助を目的とする母子保護法が成立し、一九三九年には、人事調整法によって地方裁判所長が選任する家事調停員の制度が始まったが、山田はこれらの法整備に奔走した人物でもあった。彼女の愛と奉仕の精神は公私を問わず、山田を頼って自宅に逃げてきた女性や身内を失った子どもを受け容れ、還暦を迎えるころには母子寮や保育園を設立するなど社会福祉事業を展開した。こうした山田の生き方が、今、注目されるということなのだろうか。没後六十年を迎えた今日において、なぜ山田わかを読むのか。

山田についての研究が始まったのは、一九七〇年代である。社会福祉を専門とする五味百合子は、自伝を残さなかった山田わかの生涯を明らかにするとともに、社会事業家としての山田の功績の掘り起こしに力を注いだ(1)。日本女性史研究の佐治恵美子は、山田の母性主義がスウェーデンの評論家、エレン・ケイに強く影響を受けていることに着目し、同じくケイに傾倒していた平塚らいてうと比較しながらその思想を考察した(2)。

こうした学術的な動きが始まったころ、一九七八年にはジャーナリストの山崎朋子による『あめゆきさんの歌——山田わかの数奇なる生涯』（文藝春秋社）が発表された。十代後半に騙されて異国に売られ、「虫けらのようにアメリカの片隅を汚して生きていた」山田の知られざる一面はセンセーショナルに受け止められた。「娼婦の境涯にまで社会的に堕落してしまった女性が、評論家として再生する」物語はベストセラーになり、映画化もされた。山田わかは広く想起されることになった。だが、その華麗なる転身とは裏腹に、彼女がいかなる思想をもつ運動家であったのか、深く理解されたわけではなかった。

その後、一九八〇年代、九〇年代には、山田の著作や、夫・嘉吉と共同編集した雑誌『婦人と新社会』などが復刻されたが、新たな切り口から山田わかを研究する論考は、二〇年近く出されることはなかった。家庭こそ女性の居場所と主張する山田への関心は、男女雇用機会均等の実現が希求され、法制化された時代の流れに乗るものではなかった。

二〇〇〇年代に入り、ジェンダー研究の海妻径子が、山田の女性保護論を男のジェンダーという視点からアプローチしたのは斬新であった(3)。女性が家庭に生き、母であることに徹するためには、「稼ぎ手としての自己犠牲を厭わない」労働者としての男性／夫が必要である。海妻は、山田がそうした男性労働者像を理想とし、国家によりそれが生み出されることを希求したと読み解く。山田の思想の中に構築された男性像が浮き彫りにされている。

他方、大正期に起こった母性保護論争を社会福祉思想から考察する今井小の実によって、母性主義に確固たる軸足をもつ山田の功績は再び評価されている。(4) 二〇一五年に出された今井涼による論考もまた、山田の母性主義を積極的に評価するものである。(5) 山田は実子をもたなかったが、二人の男児を引き取って養育し、多忙な生活の中、彼らに溢れんばかりの愛情を注いだ。山田の遺族が所蔵する書簡や写真に表出する山田の母性愛は、血縁のあるなしを感じさせない細やかなものである。母子寮や保育園の創設者としてだけでなく、母としての山田についても、里親や特別養子縁組などが話題となっている昨今の児童福祉の分野には興味深いところであろう。だが、今日の日本社会において、山田の母性主義の主張をそのまま無批判に受け止めることはできない。

現在、山田について最も包括的な研究を発表しているのは、アメリカの大学で教鞭をとる斎藤理香である。「大正ロマンの生んだフェミニスト——山田わか・嘉吉の協働と思想」と題する一連の論考は、副題のとおり、夫である山田嘉吉との「互いの愛と慈しみとにあふれている」夫婦関係とその協働ぶりに着目して始まった。(6) 二〇一七年七月までに七回の連載がされているが、一九三四年に嘉吉亡き後も、戦中戦後をとおして二十年近く活躍するわかの思想と行動の中に、夫の影響の軌跡をどこまで辿ることができるのか、分析枠組みの限界が現れているように思う。とはいえ、今井涼や斎藤の研究では、山田家私蔵の写真や書簡など、数々の「エゴ・ドキュメント」の分析がなされたことで、山田の実像はより鮮明になった。また、大正期、昭和前期に公刊された山田の著作については、『山田わか著作集』全六巻（学術出版会）が二〇〇七年にまとめられ、入手困難であった著作が復刻されたことから、研究環境はずいぶん整えられた(7)。

こうして研究動向を概観してみると、どの研究者も深く踏み込まなかった重要なテーマがあるように思う。戦時期の山田の思想と活動である。本章では、ファシズムの観点から山田について考えてみたい。なぜなら、この課題にこそ、今日の日本社会で山田わかを読むことの意義があるように思われるからだ。

戦時期の山田わかは、平塚らいてうや市川房枝など多くの女性運動家と同じく、女性を銃後に統合する旗振り役を担った。中でも注目されるのは、軍部が後援し、女性雑誌『主婦之友』から特派されたファシズム国家ドイツ・イタリアへの訪問である。『主婦之友』の記事を通じて、さらに報告書の刊行や全国各地での講演会によって、山田は日本・ドイツ・イタリア三国の連帯を説き、多産の奨励、配給制下でのやりくり、軍事工場への勤労奉仕、母子保護事業の法制化、全国的な女性組織の結成と隣組による地域の結束などを分かりやすく解説した。日本各地の女性たちは、山田の視察報告から、盟邦ドイツ・イタリアの女性たちと共通する銃後の様子を知り、三国の枢軸体制、ひいては世界大戦というグローバルな次元へと視野を広げた。山田はそのうえで彼女たちに、世界における「日本女性としての矜持」の覚醒を求めたのであった。

山田のドイツ・イタリアへの特派を企画した『主婦之友』は、当時、最多の女性読者数を誇っていた。山田は、長年『東京朝日新聞』の女性相談の回答者を務めて広く知られ、日中戦争が勃発した一九三七年、石川武美が主宰する『主婦之友』の顧問に迎えられた。同年には、主婦之友社の親善使節としてアメリカへ出発し、各地の在米日本人コミュニティで講演した(8)。時の大統領夫人、エレノア・ルーズベルトとも会見している。一九三八年には、九州から満州、朝鮮へ行き、『主婦之友』の愛読者を対象に講演し、「非常時日本の婦人に向かっての、大きい覚悟を促した(9)」。

当時の軍部が山田のドイツ・イタリアへの特派を後援したのは、こうした女性活動家としての実績を踏まえてのことである。何より、彼女が母性主義と家庭主義を主軸とし、母としての「社会的義務」を国家の基礎とする思想をもっていたことが大きい。軍部は、女性への発信力が高かった山田によって、「銃後日本婦人の時局認識」が広く浸透することを期待した。

山田は、堅牢な家制度の中で苦悩し、戦時下の厳しい生活を強いられる女性たちに頼られる存在であった。全国から寄せられる女性の悩みには、雑誌で助言するだけでなく、主婦之友社の読者奉仕部に設けられた相談室へ毎週足を運び、相談者と直接会って解決の道筋を示した(10)。だが、山田の信念は、女性個人の自由と独立よりも、母性と家庭に重きを置くものであった。男女の性別役割は賛美し、奨励すべきもので、これを否定する「女権主義」を強く批判した。戦時期の山田の活動を理解するためには、この思想を踏まえることが鍵となる。

以下、山田の思想の集大成として一九二〇年代末および三〇年代にまとめられた著作を紐解き、山田の反女権主義の姿勢を考察し、それがいかにファシズム体制と親和的であったかについて明らかにしようと思う。

二 「人道主義」という名の反女権論

山田の思想は、女性を「産む性」として評価する母性主義に徹していた。彼女にとって、子を産み育て、「人を造る」母親の仕事は、どんな職業にもましてかけがえのない、価値のあることであった。母親が行う育児を「つまらない仕事」「奴隷の仕事」と見なしてはならない。「ものを造る」男の仕事ばかりに社会は注目し、それを評価するが、山田の主張は「ものを造ることに最大権威をもたせていたその見方を立て直して、人を造ることに最大権威を与えよ、言い直せば、母の仕事の価値を認めよ[11]」というものであった。

山田にとって、女性の地位向上とは、社会全体が母性を尊重し、家庭における女性の役割を評価することを意味していた。国家による母性保護も、こうした考えの延長にある。一九三四年、母性保護法制定促進婦人連盟（のちの母性保護連盟）が結成され、初代委員長を務めたのも、この信念に突き動かされたからにほかならない。

女性が個人としての自由を求め、母・妻・主婦役割から解放される生き方を山田は嫌った。そうした主張は「誤った婦人論」であると断じた。確かに、若い頃『青鞜』の主張に共鳴し、女性が独立した個人として生きることに魅了された時期もあった。だが、自らも子育てをする身となって、山田には女性の経済的自立という主張に社会的リアリティを感じることができなくなったようだ。[12]むしろ、女性労働者の過酷な生活における「母性の破壊」を案じ、就労女性の賛美を無責任と戒めるエレン・ケイの思想を知り、自分の立ち位置を定めた。評論家としてペンをとり、世に出たのは、「誤った婦人論」に耐えられず、立ち上がったためだと山田は回顧している。

「……いわゆる一般の婦人論、つまり婦人の個人としての自由とか何とかいう理由の下、婦人に家庭を軽視させよう、婦人に家庭を捨てさせようとする議論を読んで、変なことをいうものだと思いました。そして注意して見ているうちに、それが大きな誤謬であることを発見しまして、ふと、筆をとりました。すると、案外それに反響があったりして、ズルズルといつの間にか筆を持つことが今の私のおもなる仕事のようになってしまいました」[13]（傍点　原文ママ）。

母性の仕事が発揮される家庭は、「最も重要な社会制度」であり、それが平和な状態にあれば、「堅実な国家の基礎」となる。それは、山田にとって、女性の個人としての自由や権利以上の価値があり、山田はこれを訴えることが自分の使命であると考えていた。「今日までの婦人論は、その家庭を婦人に捨てさせようとし、子供を母の手から離そうといたしますので、その議論に反対するのが私の婦人論です。」（傍点　原文ママ）と宣言する。[14]

「家庭の仕事こそ最高価値のあるもの」と考える山田は、家事をアンペイドワークだとする批判の声も造作なく振り払ってしまう。

「〔婦人論者は〕家庭の仕事は不払い労働、奴隷の仕事だとして卑しめ、ものを造る仕事のみが価値あるように申しました。けれでも、家庭の仕事は金銭に見積もることができないほど貴いものだ、ということろに気が付いていませんでした」[15]（傍点　原文ママ）。

二十世紀後半の第二派フェミニズムが、女性の愛情という「美名」のもと、家事が労働として評価されてこなかったという批判[16]を反転させたような議論である。山田はむしろ無償の愛によるものだからこそ評価されるべきだという。山田にとって家事労働に賃金を求めることは浅ましい考えであり、賃金労働と見なすことができないほど貴いからこそ、そこに主婦としての矜持がある、という理解なのである。

「女性の天職は家事・育児にある」と考え、母性と家庭に基礎を置いた「保守的婦人論」は、かつて『青鞜』の主張に不快感を示した下田歌子や鳩山春子らの見解と重なるものである。良妻賢母を目指すか否かは女性個人の選択の自由だとする平塚らいてうに対して、下田や鳩山はこれを「家庭を破壊する婦人の解放」として警笛を鳴らした。[17]これらの女子教育界の重鎮と比して、山田の婦人論に特徴があるとすれば、それは母性主義や家庭主義を「人道主義」という道徳概念でとらえ、女権主義と対置させたことであろう。

山田の定義する「人道主義」は、自己を抑制し、利他主義に徹するというものである。

女權主義は個人的であり、人道主義は社會的であります。

女權主義は女性の無政府主義であつて、自己滿足の世界な放浪するために深く根をはつた社會的基礎、卽ち、家庭から婦人を切り離さうとするに反して、人道主義は家庭を擁護し、そして、家庭を破壞しようとする貧乏と人間の弱點ょ惡德とに對抗しようとします。

女權主義の標語は婦人の獨立であり、人道主義の標語は社會的義務であります。

女權主義は男、女、子供な別々にしようとし、人道主義は男、女、子供の間により密接な關係を造らうとします。

女權主權は性の差別を呪ひ、人道主義は性の差別な讃美します。

女權主義は婦人を男性化しようとし、人道主義は婦人を益々女性化しようとします。

女權主義は婦人の劣つた點を見て悲しみ、人道主義は婦人の優れた點を見て喜びます。

女權主義はより多くの物質的富を造るために婦人を産業化しようとし、人道主義は優秀な人間な造るために競爭の烈しい産業界から婦人を免除しようとします。


『現代婦人の思想とその生活』（文教書院、1928年、274頁）。これは『新輯　女性読本』（文録社、1932年、314～315頁）に再録されている。

一九三一年の『大辞林』を紐解いてみると、「人道主義」は「博愛主義と同様、各個人が自我、欲望を制して自己と同様に他人を愛し人類全体の幸福をはからんとする主義」[18]（傍点　弓削）と説明されている。その自制的要素は当時の用法であったようだ。山田は、これを女性の権利を訴える女権主義の対置語として用いて、女権主義の反社会性を際立たせた。『現代婦人の思想とその生活』（一九二八年）、および『新輯女性読本』（一九三二年）には、女

女権主義	人道主義
個人的	社会的
女性の無政府主義　自己満足の世界を放浪するために…家庭から婦人を切り離そうとする	家庭を擁護　家庭を擁護・家庭を破壊しようとする貧乏人と人間の弱点・悪徳とに対抗
婦人の独立	社会的義務
男、女、子どもを別々にする	男、女、子どもの間により密接な関係をつくろうとする
性の差別を呪う	性の差別を賛美
婦人の男性化	婦人をますます女性化
婦人の劣った点を見て悲しみ	婦人の優れた点を見て喜び
より多くの物質的富を造るために婦人を産業化	優秀な人間を造るために競争の烈しい産業界から婦人を免除

山田わかの著作における女権主義と「人道主義」の対立構造

性主義と「人道主義」の対置が繰り返されている。これらの著作は、山田の思想の結集であり、彼女の「人生哲学」を伝えるもので、刊行後も、改訂、増補することで、より多くの読者を得ていた。女権主義と「人道主義」の対立構造を論じる山田の文章は図式的で、女性の個人主義は「無政府主義」や「自己満足の世界の放浪」と表現され、切り捨てられる。

この対立構造は、山田が女子教育について論じるときも、あるいは人間社会の発達という壮大なテーマに思いをめぐらすときも、繰り返し浮上する。

「人道主義は、特別な婦人、または、不幸な婦人のほかは、婦人は皆家庭に入るものと予想します。そして、妻として母としての必要なものを学課に入れようとします(19)」(傍点　原文ママ)。

ここでいう「特別な婦人」「不幸な婦人」とは、良妻賢母のための学習ではなく、自分の興味に従って学問研究に進もうとする女性たちのことである。山田は、女性にとって、健康な子どもを産み育てるほうが、博士の学位を取得するよりも立派なことだとして、女性の高等教育の普及には眉をしかめる。アメリカのイェール大学やハーバード大学の女子学生の例を挙げ、女性の高等教育が婚期を遅らせ、「産む性」としての身体に悪影響を及ぼしていると論じる。

山田による女権主義批判は、国の違いを越えて、人間社会の進歩や文明の発達という視点からも展開される。

「女権主義者のいう婦人の経済上の独立とか思想上の独立とかいうことは、人間の幸福とは全く正反対の方向に婦人並びに男子を導こうとするのであります。人道主義が家庭を擁護し、家庭を破壊に導こうとする貧乏、病気、悪徳に対抗し、男、女、子供の幸福をはかろうとするに反して、女権主義は社会に深く深く根を張っている家庭から婦人を引き離し、無政府状態、自己満足の世界に婦人を浮浪させようとするものである」[20]（傍点　原文ママ）。

「人道主義」と対置される女権主義は、利己的で家庭を崩壊させる悪とされ、「男女の差別撤廃などという有害無益な女権論」（傍点　原文ママ）は非人道的だと考える[21]。女性の家庭の仕事は尊いと主張する一方で、男女間差別に肯定的である点は、軍国主義のご都合主義に一致していた。今日から考えると矛盾しているが、当時の社会には受け入れられやすい思想であった。

母性主義や家庭主義を「社会的義務」と位置付け、「人道主義」といい換えることで、山田の主張は道徳的、倫理的な響きを得て、読者にはより説得力をもったことであろう。そして、「進歩」や「文明」というキーワードとともに語られることで、分かりやすい文化論として大衆に受け入れられ、抗いがたい普遍的な議論へと押し上げられていった。この点をもう少し掘り下げてみよう。

三 「分業こそ人類の進歩」

山田の思想には、ヨーロッパ啓蒙主義以降の文明観と性差に関する視座を読みとることができる。私淑したエレン・ケイの影響であり、また、多くの外国語を操り、西洋の思想に通じていた夫、嘉吉から教えを受けたのであろう。ルソーやカントといった十八世紀後半の思想家は、男女の身体における性差を「対極的なもの」としてとらえ、そこから精神的性差、そして社会的性差へと導き、ジェンダー秩序について論じた。[22] 強い身体をもつ男性は社会や国家を支え、生産・戦闘にふさわしく、「弱き性」「産む性」である女性は家庭に留まり、家事・育児を担う。これが道徳的で、文明化された状態であると考えられた。換言すれば、文明化の尺度は、技術の発明や産業の隆盛ばかりでなく、いかに男女の性差が尊重され、女性が母性を発揮できるような、男女それぞれにふさわしい社会環境が整えられているかを観察することで示されるものでもあった。こうした考えは、とりわけ十九世紀以降、性差に関する解剖学や生理学などの「科学的言説」に支えられ、またヨーロッパ諸国が世界へと覇権を拡張していく中で、広く支持されていった。

山田もまた、人間の進歩は両性の対極化された性質から結実したものであると考えた。「男女の分業は人間の進歩になくてならないものである[23]」と確信し、「自然が定めた」男女の身体的性差を基礎にして男女の分業の正当化を論じている。対して、女権論者たちは、これを拒む存在であり、ゆえに自然の調和を破壊する者だという。

「自然は驚くべき巧妙さをもって男と女に別な身体の構造、別な情性、別な能力を与えました。……けれども、今日の女権主義者の議論とその実行はこれらの最も優越なる自然の先見と用意とを無視して、無駄な男女間の個人的の競争、経済上の競争、ないし、あらゆる利益の衝突を起こして、そして、この自然の調和を破ろうとするものであります[24]」（傍点　原文ママ）。

山田は「人種論」めいたニュアンスを込めて、次のような意見も開陳する。

「野蛮人および未開人においては、両性間の人格的および気質の違いがはなはだわずかではありますが、文明人に近くなるにしたがって性の差はだんだん甚だしく、複雑に、そしてだんだんはっきりしてきます。すなわち、女はますます女らしく、男はますます男らしくなるのであります。そして、生理的に心理的に男性の特長が女性の特長と隔たりがあればあるほど、それは人間として完全であるのです。つまり、高等な男女のタイプは劣等な男女のタイプよりも、男女の差が甚だしいのであります[25]」。

夫と共同で編集する雑誌『婦人と新社会』では、家庭の建設を文明と結び付けて考えている。

「……野蛮的国民と文明国民とをハッキリ区別する国民的発展においての根本要素は家庭建設でありました。この家庭建設の本能とその働きが今日の文明のいわば酵母であったのです。そしてこの家庭建設という仕事は女性無しには絶対に不可能です。ですから、家庭建設と次代の養教育が文明なりといっても過言ではありません。[26]」

とどのつまり、山田にとって文明の発達もまた家庭が基礎ということであった。

これに対し、山田の思想を初期の頃から「婦人を裏切る婦人論」として舌鋒鋭く批判していた山川菊栄（一八九〇～一九八〇）は、進歩というテーマについても正反対の見解をもつ。

山川にとって、「今日の男女の分業はあまりに均衡を失している」。「妻子を養う道具たること」を「男子の主たる職分」とし、「夫と子供の身近の雑務」に一生を捧げるのを「女子の役目」とする社会は、「男女共に天分を伸ばす機会が少なく、したがって人おのおのその境遇に不満足なために社会は不安固であり、家庭は楽しからず、人類の進歩は阻まれがちである」[27]。山川が進歩と見なすのは、男子は妻子扶養の運命から、女子は家庭から解放され、「男女相携えておのおの自己の適する社会的労働」が可能となる社会の実現である。

「家庭あっての人間でなく、人間であっての家庭である。……人間がすべて塒《ねぐら》を守る親鳥の役目を何よりも重いとしていたならば、今日のような人類の進歩が果たして得られたのであろうか[28]」。

こうして山川は、「社会が家庭の進歩に伴うのではなくて、家庭が社会の進歩変遷に伴随していくのである」として、山田の思想を一蹴する。一九一八年に発表された山川の議論は、十年の歳月を経ても山田の批判として通用しており、両者が折り合うことはなかった。

「分業こそ社会の進歩」と考え、「主婦の生活は、人間社会の幸福の源」として女性を家庭へと呼び戻す山田の主張は、山川にとって、男性中心の社会組織に利用され、女性の位置を追い詰めかねないと危惧されるものであった。「かの性的区別の過大視をもって立つ家庭論者のごときは……女子の自由と権威とを無にすることによって自家に火を放たんとするものである」[29]と語気を強めて「婦人を裏切る婦人論」を結んでいる。

だが、時代は、山川ではなく山田の思想を選んだ。日中戦争以降、全体主義的傾向をますます強める日本社会で、とりわけ軍部は、個人の自由や権利よりも、男性、女性をそれぞれ一括りにして、「戦う性」、「産む性」とし、軍事国家の基礎を築こうとした。一九二二年にイタリアではムッソリーニが、一九三三年にはドイツでヒトラーが政権をとり、これらのファシズム国家と日本は手を結んだ。こうした社会の動きが、果たして山田が考えた文明化の過程であったのかどうかはわからない。だが、少なくとも、「もっと男らしい男、もっと女らしい女」というナチズムのジェンダー政策に貫かれていた思想[30]は、山田のいう「性の差別を賛美」し、「婦人をますます女性化」し、家庭を擁護することが「社会的義務」と考える「人道主義」に通ずるものであった。

「人道主義」とファシズムとは奇妙な組み合わせである。ナチズムのジェンダー政策が人種主義政策と抱き合わせであったことを鑑みれば、あり得ないことである。だが、性差の拡大を文明化の指標と捉える山田には、「人道主義」とファシズムは限りなく近い。

「男女の差はますます大きくなっていくのが進歩の順当な道であります。そして、一つの性は他の性によって補われるようになっているのですから、男女の差が大きければ大きいほど、女としてまた男としての価値が大きいのであります[31]」。

山田にとって「人道主義」は、ファシズムに限らず、より普遍的なものだという自負があった。「私の家庭中心説は、正当に解釈されさえすれば、社会主義者であれ、共産主義者であれ、帝国主義者であれ、その他いかなる主義をもっている人でも反対の理由をもたないはずです[32]」。自信に満ちた山田の家庭主義は、ファシズム国家において歓迎されるものであった。時代が山田のような人物を必要としていた。

四　ファシズムの時代——遣独伊使節として

ムッソリーニが政権につくとすぐに、山田と夫の嘉吉が編集する雑誌『婦人と新社会』に「社会制裁機関としてのファシスト」という短文が掲載された[33]。日本における犯罪の増加に対して、イタリア・ファシスト党のような政治組織が官憲と協力すべきだと論じられている。女性政策への言及はなく、イタリアの政局を批判するものでもない。

一九四〇年九月に日独伊三国同盟が締結されると、軍部は、女性たちに親善と時局の認識を促

主婦之友社の二大時局計畫

山田わか女史を盟邦獨伊に特派

吉屋信子女史を蘭印に特派

後援 陸軍省情報部 海軍省海軍事普及部 外務省情報部

獨伊に使するに際して　山田わか

蘭印にペンを携へて　吉屋信子

後援の辭

『主婦之友』三月號誌上に現地報告發表

『主婦之友』1941年1月号　山田わかのドイツ、イタリアへの特派決定記事

進するため、主婦之友社が企画する女性運動家の派遣事業の後援を決定した。

満州国が建国された一九三二年には、大日本国防婦人会が、対ソ戦争に備える陸軍の後ろ盾で結成され、女性たちの銃後体制の整備が進められた。「家庭婦人」をも巻き込む総動員体制は、いわゆる「婦人国策委員」を必要とし、山田も吉岡弥生や市川房枝、高良とみといった「婦人運動家」とともにいくつもの「公職」を命じられた。[34] 日中戦争勃発の翌年の一九三八年には、商工省中央物価委員会委員、精道中央連盟の非常時国民生活様式改善委員、厚生省中央社会事業委員会委員と次つぎに任命され、三九年には、厚生省臨時軍事救援部の出征遺家族中央指導員にも任じられた。『主婦之友』主宰者の石川武美は、山田をはじめとした女性たちが国策委員として任命されたことを「喜ぶべきこと」とし、「日本の婦人がその働きの力をいろいろな方面に発揮する機会は、これからどんなに多くなることか知れぬ」と書いている。[35]

先述したとおり、山田は一九三七年から主婦之友社の顧問を務めており、『主婦之友』のお抱えであった。例えば「石渡蔵相と山田わか女史の長期建設一問一答」(『主婦之友』一九三九年三月号)の記事に見られるように、読者には、山田が時の政権に近い立場にあり、政権の意向に共振する側に立っていることが伝えられていた。一九三八年から始まった「婦人相談」でも、山田は相談者／読者に向けて、「世界に誇る日本の家族制度」の下での「銃後の母」としての自覚や日本女性としての矜持をもたせようと努めていた。そのような中での、ドイツ・イタリアへの特派である。けだし、適任の人事であった。

一九四一年一月号の『主婦之友』に掲載された記事には、山田の特派の後援が、陸軍省情報部、海軍省海軍軍事普及部、外務省情報部であることが明記されている。「世紀の英雄」ヒトラー総統およびムッソリーニ首相やその他の要人と会見するとも公言されているが、このような計画が、一人民間の出版社でなせるものではなかった。

日独伊同盟の締結後、軍部は女性たちにもこれに注意を喚起し、銃後を守る自覚をもたせたかった。海軍大佐伊藤賢三が「後援の辞」で述べているように、「欧州における参戦諸国の婦人の活躍状況を視察し、これを故国の婦人に伝えることにより、長期戦における銃後婦人の教化に貢献する」ことが山田には期待されていた。『主婦之友』の中心的読者層である「中流以下の主婦たち」は、山田の現地報告によって、「銃後日本婦人の時局認識をひとしお深める」ことになろう。山田もまた、「日独伊三国の結束をより密にするための一本の楔《くさび》の御用に立ちたい」と述

『寫眞週報』1941年1月15日号表紙

べ、今回の任務を快諾している。[36] 山田が訪れる海外諸国各地で、在外日本大使館をはじめとしてＶＩＰ待遇であったのは、軍部と外務省の後援ゆえであった。[37]

ちなみに、同時期に情報局（陸軍、海軍、内務省などを横断する組織で、内閣に直属し戦争の世論形成を目的に一九四〇年に発足した）が発行した『寫眞《しゃしん》週報』（一九四一年一月一五日号、一五一号）も、日独伊三国同盟と女性を結び付けるモチーフを表紙にしている。イタリア人女性、日本人女性、ドイツ人女性がそれぞれヒトラー、ムッソリーニ、近衛文麿の似顔絵付きの羽子板を掲げている。写真の説明には、「枢軸羽子板と枢軸令嬢の組合せに新春の庭は微笑ましく、うららかだ」という文が付されている。[38] だが、現実の枢軸国の女性たちは、各国とも「微笑ましく、うららか」とはいえない戦時生活を過ごしていた。国家による女性動員策は本格化していた。

当時の日本の状況を確認しておくと、日独伊同盟締結後、一九四一年一月には、近衛内閣のもと、「人口政策確立要綱」が閣議決定された。一夫婦の出生数平均を五人にすることが目標とされ、結婚資金の貸し付けや多子家庭に優遇措置をとるなど、イタリアやドイツで先行していた政策が、日本でも動き出していた。

イタリアでは一九二五年に全国母子保護事業団が設立され、母子家庭や困窮児童、孤児の保護と支援を行い、出生率の向上を図った。子どもが七人以上いる家族には税制や住宅貸付の優遇装置がとられ、結婚の有無と子どもの数に応じて公務員の昇格の基準が設けられたりした。一九三三年からは「母と子の日」が設置され、各地の多産の女性たちがローマに集まり、ムッソリーニを先頭に行進し、多産の重要性をアピールした[39]。

ドイツでも、ヒトラーが政権を掌握した後、一九三五年には、「結婚、家族そして母性の保護」法が施行され、女性を家庭に戻し、多産を奨励する一方、「遺伝上望ましくない結婚と出産」を抑制する優生政策が始動した。ドイツで導入された出産・結婚貸付金は、イタリアでも導入され、一方、イタリアと同様、いや、それ以上に厳格に（男性）同性愛や中絶行為の取り締まりも強化されていった[40]。配偶者の選択からセックスまで、人びとの私的な領域に権力は踏み込んでいった。

それにしても、山田は渡欧中も着物で過ごしたというが、特派を告知する記事に掲載された山田の姿は、蘭印（オランダ領インドネシア）に派遣される吉屋信子のモダンな短髪と洋装とは対照的である（一九〇頁画像参照）。山田はこのとき、六十二歳。主婦之友社親善大使としてアメリカに出かけたときも着物であった。対して四十四歳の吉屋は、日中戦争開戦以降、北支、上海、漢口、満州へと赴き、従軍ルポルタージュを著す活動派であった。大正期からすでに多くの女性読者を獲得していた人気作家の吉屋は、女性の自立と女性同士の友情を描くことを得意とし[41]、山田の思想と相性がよいとはいえない。私生活においても、師であり夫であった嘉吉との結婚生活を過ごした山田に対し、吉屋は結婚をせず、門馬千代をパートナーとして暮らした。短髪洋装といえば、モダンガールの記号だが、山田はモダンガールを「文明生活に必要な義務をないがしろにして、自由を標榜」するものとして批判している[42]。「常夏を謳歌する土人（原文ママ）の素朴な生活」が観察されるという蘭印と異なり、イタリアやドイツが「進歩した」社会であれば、その親善使節として「女性らしい」装いで訪れるのがふさわしいのであろう。もっとも、日本女性は「世界の女性が模範とすべき」存在であり、その誇りから和装で通したと、山田自身は説明している[43]。

山田は、一九四一年三月二十八日に東京駅を出発、関釜連絡船で朝鮮へ渡り、満州からシベリア鉄道でヨーロッパへ入った。四月十一日、ベルリン・フリードリヒ駅に到着。その二カ月後、ドイツはソ連に侵攻し、独ソ戦が始まった。このため、山田の大陸横断の帰路は断たれ、ドイツとイタリアに五カ月間滞在した後、九月にスイス、フランスを経由してスペインへ行き、大西洋を渡って南米へ、そこから日本の船で太平洋を横断して帰国するルートをとった。太平洋の船上にて、十二月八日の日本軍によるハワイ奇襲攻撃の「輝かしい戦果」を聞くことになった。船体の日の丸を塗りつぶし、英米の船に発見されないよう航海を続け、十二月十五日、帰国した。独ソ戦開始そして太平洋戦争開始という世界大戦のうねりの中での九カ月間、山田の「盟邦独伊への特派」は、文字通り「戦火の世界一周」となった。

山田の現地からの報告は、「山田使節と国際電話」といった記事（『主婦之友』一九四一年九月・十月）が組まれたり、読者に呼びかける山田の電報が「編輯局日記」で紹介されたりして、『主婦之友』の読者は山田使節の動向を随時フォローすることができた。

帰国後、『主婦之友』一九四二年二月号に「戦乱の欧州より還りて　戦火の太平洋を決死突破」と題する報告記事が掲載される。表紙には、「戦時の家庭雑誌」、「大東亜戦争特輯　決戦生活号」の文字が並び、「遣独伊使節　山田わか」の記事のタイトルだけが紹介されている。モデルは工具を手にし、工場で勤労奉仕する女性がイメージされている。山田が帰国の途についている間、東条英機内閣が成立し、女性の勤労奉仕が法制化され、女性の動員は着々と進められていった[44]。

『主婦之友』1942年2月号表紙

五　ファシズム下の女性たち

山田はドイツ、イタリアで何を見、感じたのだろうか。

山田は多くのユダヤ人がヨーロッパから南米へ向かっていることを見聞した。アルゼンチンからの船では、「ヨーロッパを逃げ出すユダヤ人」が乗客の四五パーセント（約四〇〇名）いると報告するも、それがナチスによる人種政策の結果であることについては、不自然なほど口をつぐんでいる。[45] ナチスの出産奨励政策の背景にある優生思想についても素通りである。時局の言論統制のもとで書かれた文章には、当然、ファシズムを批判する言葉はない。

山田は、ヒトラーの政治手腕に感激し、ムッソリーニが自分の母に示す敬慕をほめたたえ、両国の母子保護事業や青少年に対する教育事業、軍事奉仕や戦傷者福祉事業など、銃後の体制を詳しく報告した。ドイツでは、ナチス婦人会やドイツ青少年団など、全女性組織を率いる最高指導者のゲルトルート・ショルツ＝クリンク（一九〇二〜一九九九）に、イタリアではファシスト党国際婦人部の監督官を務めるメディチ侯爵夫人やムッソリーニの妹といった要人に会っている。あたかも山田が、日本全国の女性を統合する代表であるかのような待遇であった。どの国も歴史上、これまでになく女性が「銃後の守り」として政治化されていく中で、山田の欧州訪問は日独伊の枢軸国の女性たちの連帯を象徴するものとしてもてはやされた。

ショルツ＝クリンクは、「世界に冠たる女総統」と呼ばれ、「ヒトラーに卑屈なまでに徹底した敬慕の念を抱いていた」人物であった。山田は、ナチズム下の女性に関する法律はすべてショルツ＝クリンクの賛成を要すると述べており、[46] 実際、その影響力は絶大であったようだ。戦後、ショルツ＝クリンクをインタビューした歴史家クローディア・クーンは次のように評している。

「クリンク夫人は、あらゆる面で女性の生活を支配している。女たちに対して、子供を何人、いつ産めばよいか、何を着ればよいか、何をどう調理すればよいかなどを指示する。また、戦地に赴く亭主や息子たちに向かって、笑いながらなんというべきなのかを教える。男たちが戦死した際に、ほほえみながらどうふるまえばよいのかを教える。このような態度こそが、国家の士気を左右する家庭精神であるというわけだ」[47]（傍点　弓削）。

ショルツ＝クリンクもまた、母性主義および家庭主義の人である。いや、だからこそファシズムの女性組織のトップにのぼりつめることができたのであろう。

山田の報告には、ナチス女性団が「科学的」「経済的」に指導する「戦時下全国の家庭生活」の様子が綴られ、生活必需品の配給制やコーヒーなどの代用品が紹介されている。また、ナチス婦人団が経営する花嫁学校や「母の学校」にも言及している。「母の学校」は全国に二八〇以上あり、主婦たちが都合のよい時間に通って、料理や裁縫、玩具の作り方や赤ちゃんの扱い方を学ぶという。

山田がとくに感心したのは、全国に三五〇カ所あるという「母の休養所」だ。子どもの世話を保母と看護婦に任せ、四週間、徹底的に休養できるシステムで、隣組の組長が自分の組の中に疲労している母親を見付けたら声をかけ、本人が希望すれば「母の休養所」で休むことができる。これはすべて「『母を疲れさせておいてはならぬ』というヒトラーの思いやり深い顧慮」であり、「ドイツ国の方針が、最下部組織の隣組にまで徹底している」と山田は見ている。[48]

イタリアでは、ファシスト党婦人部全国本部や「一人前のファシスタ党員となるための基礎的な準備」を行う青少年団を訪れている。ファシスト党婦人部に入るまでの六歳から二十一歳までの女子は、年齢層に応じて少女隊、処女隊などに組織され、「国家意識の涵養と心身の錬成」に力が注がれている。「母性の保護と児童の愛護という国家運動」のもと、「家庭訪問婦」の活動や産婦相談所、母子ホームなども山田の関心を引くところであった。

ところで、山田はドイツ、イタリアへの特派の使命を受けることで、ファシズム国家を支持する側に立つことは重々承知していたであろう。そもそもファシズム下の女性たちがどのような状況にあるのか、山田は渡航前からある程度の情報は得ていたはずである。

かつて山田を「性的区別の過大視をもって立つ家庭論者」と批判した山川菊栄は、一九三〇年代半ばにファシズムを危険視する文章を発表していた。ムッソリーニ統治下のイタリアについて山川は、一九三五年のエチオピア戦争を念頭に、植民地主義を批判する観点から、その「文明国」としての驕りを皮肉たっぷりに論じている(49)。ヒトラーの政策については、男性の失業者を救うために女性の職を奪い、女性を家庭へ回帰させ、多産を奨励するものだと看破する。山川いわく、ナチス・ドイツでは、「家庭へ帰れ」の呼びかけで「婦人を職業戦線から追放」し、家庭に戻された女性たちが国の奨励通り七人の子どもを産んで育て上げたとしても、「世界戦争のやり直しで、大砲の餌食にされ」てしまう。そんな体制が女性に何の利益となろうか。ナチスは「婦人の利益を保護する代わりに、奪う一方なのだ」と数年後を見通し、正鵠《せいこく》を射た批判を展開している(50)。

一九三七年には、市川房枝ら婦選獲得同盟が編集する雑誌『女性展望』に「ファシズム政権下の婦人」という記事が掲載された[51]。一九二五年からヒトラー政権誕生後の一九三四年までドイツに滞在した鈴木東民（一八九五～一九七九）の執筆だ。ナチ政府の弾圧により、独裁者への「盲従」が目に余るドイツ社会の中で、女性たちもまた自由を奪われ、職場を追われていく。既婚の女性公務員は強制的に解雇された。ドイツの女性たちは一九一八年に参政権を獲得し、一九三〇年には三十名を超す女性議員が活躍していたが、彼女たちの姿も消えた。

「『女性よ！　家庭に還れ。』これがヒトラー政府の標語である。労働戦線は男性のものだ。女性のつとめは外で働くことではない。家政こそ女性の天職だ。女性は柔順に家政に従っていさえすればそれでよい。家庭という象牙の塔の中に籠っていれば間違いはない。決して塔の外をのぞいてはならない。それから女性にはもう一つの天職のあることを忘れるな。それは子を産むことである。精出して子を造れ。家政と生殖――この二つに女性の使命は尽きる。これがファシズムの思想である」。

鈴木の記事が出る前年の一九三六年、ドイツ軍は、第一次世界大戦後、ヴェルサイユ条約で非武装化されたラインラントに進駐し、ヒトラーは攻撃力を強化するための軍備を命じた。すでにエチオピアへの侵略を進めていたイタリアとは、ローマ＝ベルリン枢軸と呼ばれる協力態勢を敷き、日本とは防共協定を結んだ。

「ファシズムの国家は戦時体制の国家である。されば多くの兵士を必要とする。屠殺場に送るべく牧場主が豚児の繁殖を希うように、ヒトラーやムッソリーニは人間の子の繁殖を欲するのである」。

それが女性にどんな意味をもつのか。鈴木は「ファシズムの国では、女性は奴隷への転向を強いられている」と見ており、日本がファシズム国家になれば、「この国の女性は半奴隷から、完全奴隷へと還元しなければならぬでしょう」とさえ述べる。その激越な口調は、ワイマール共和国の崩壊とナチス政権の「暴虐」を現地で目の当たりにした体験ゆえであった。(52)

実際のところ、イタリアでもドイツでも、手厚い母子保護事業が展開される中で、自らを国家の奴隷だと悲観した女性は多くなかったのかもしれない。そう感じさせない装置が、「母の日」であれ、多産婦の表彰であれ、ファシズム国家には用意されていた。また、戦時においては、母性や家庭の問題は国家の命運を左右する重要事項であり、女性たちはその限りにおいて、これまでにないほどの社会活動の場を与えられた。党の女性組織や社会福祉事業など、祖国や民族を支える一員として、国家的使命に奮い立ち、そうした活動に生き甲斐を見出した女性も少なくなかった。彼女たちには、果たしてファシズム国家がどこへ向かうのか、歩みを止めて巨視的に考えることは難しかったのかもしれない。

ところで、ファシズム下の女性の状況を案じる鈴木東民の記事を山田わかは知っていた。鈴木の記事が掲載された一九三七年三月号の『女性展望』は、山田のインタビュー記事も収めているからだ。(53)この年、山田が心血を注いで法律家や政治家に働きかけてきた母子保護法がいよいよ実現の運びとなった。インタビューの中で「母子保護制定運動の第一線に起つ母性保護連盟の山田わか女史」は、私生児の問題や扶助金額の少なさにも言及しつつ、「でもまあ『母と子の生活は国家が守るべし』という原則が確立できたのは何よりでした。」と喜びを語る。翌月号の『女性展望』には、「母子保護法通過祝賀会の光景、立てるは山田わか女史」の写真が雑誌の表紙を飾っている。

その四年後の春、山田はファシズム国家に向けて東京を発った。雑誌『女性展望』は、山田のヨーロッパ滞在中、警視庁当局の雑誌統制により廃刊となった。約六十あった女性雑誌を三誌に絞るよう指導があり、いうまでもなく婦選獲得同盟の『女性展望』は選ばれなかった。市川房枝は、この統制の結果、「婦人家庭にとって真に望ましき雑誌が残るかどうかについては、多少の疑問なきを得ない」と遠慮がちに不平を述べている。[54]「大衆婦人雑誌」の最大手『主婦之友』は残り、時局に対応する「内容改善」が図られていく。[55]主婦之友社の顧問にして、軍部が後援するドイツ・イタリアへの特派を務める山田は、「挙国一致」のファシズムを強める翼賛体制の中で、ますますその婦人運動家としての役割を自覚したことであろう。

六　帰国後の活動

一九四一年十二月十五日、真珠湾攻撃から一週間経ったその日に、山田わかは九カ月の旅から無事帰国した。長旅の疲れも癒えぬ五日後の十二月二十日には、日比谷東京宝塚劇場で主婦之友社主催の報告講演会を行っている。山田による「盟邦銃後の真相報告」は、「感激と共鳴の拍手を浴び」、「時局がら圧倒的反響を呼んだ」という。[56] 情報局の佐藤勝也大佐、ドイツ、イタリアの各大使館代表が挨拶し、会場には東条首相夫人の姿もあった。

一九四二年二月号の『主婦之友』には、山田の帰朝報告講演会が日本各地で開催される旨の告知がなされている。[57] 一月十五日の京都に始まって、神戸、岡山、広島、小倉、福岡、熊本、そして一月二十三日の長崎まで、移動しては講演するという目まぐるしいスケジュールである。『主婦之友』二月号の発売が一月十五日であったので、[58] 各地の読者たちは雑誌を手に取ってすぐに会場へ出かけるというせわしさであったろう。それほど、山田による盟邦ドイツ・イタリアの報告には新味があり、注目されたことがうかがえる。各地の講演会は入場無料、特別賛助出演のレコード歌手三名が「決戦歌謡」を披露するという余興付きで、「男女を問わずどなたでも」という呼びかけに、どれほど多くの人びとが山田の「生々しき戦火の独伊報告」に跳びつき、興奮しただろう。

翌月の『主婦之友』にはさっそく山田の講演を聞いて感激したという「読者の手紙」が掲載されている。[59] 投書した女性読者の一人は、「肚を作ることが大切だとのお言葉には全く同感」と記している。それは、おそらく山田の次のような言葉であったのだろう。

「今までは、国の礎となり、護国の神となる栄誉は主に男子が担うておりました。これからは、私達女性もいながらにして、ことによるとその栄誉に浴しうるかもしれない、という気持ちで、防空壕を造る代わりに肚を造るなら、敵機の爆弾何のそのであります。

一家の主婦にそういう肚ができて、落ち着いておれば、家族全部も落ち着いています。敵機が来ても、爆弾が落ちても、焼夷弾が投下されても、臨機応変の処置ができます。

ドイツにも、落ちた焼夷弾をすぐ蒲団にくるんで戸外へ放り出した、勇敢な婦人がありました。

この大東亜戦争においてこそ、世界に無比の優れた魂の持主なる日本女性の本分は、十二分に発揮さるべきであることを、お互いさまに自覚いたしましょう」[60]。

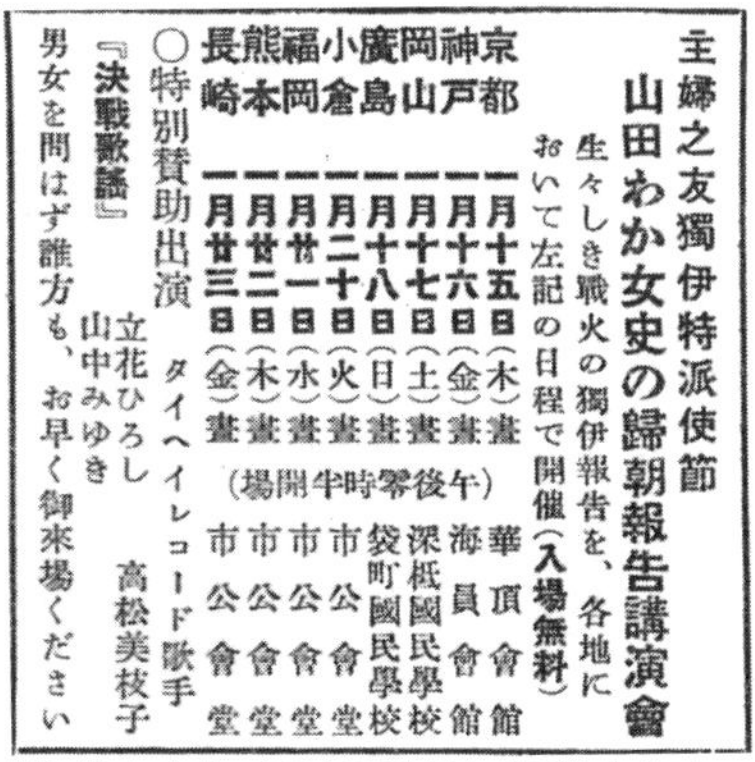
主婦之友獨伊特派使節
山田わか女史の歸朝報告講演會
生々しき戰火の獨伊報告を、各地において左記の日程で開催(入場無料)

京都	一月十五日(木)晝	(午後零時半開場)	華頂會館
神戸	一月十六日(金)晝		海員會館
岡山	一月十七日(土)晝		深柢國民學校
廣島	一月十八日(日)晝		袋町國民學校
小倉	一月二十日(火)晝		市公會堂
福岡	一月廿一日(水)晝		市公會堂
熊本	一月廿二日(木)晝		市公會堂
長崎	一月廿三日(金)晝		市公會堂

○特別賛助出演 タイヘイレコード歌手
『決戰歌謠』 立花ひろし 山中みゆき 高松美枝子
男女を問はず誰方も、お早く御來場ください

『主婦之友』1942年2月号に掲載された山田わか帰朝報告講演会の告知

日本各地の女性たちは、空襲下の生活や隣組の活動、母親のもつべき「科学的な知識」や銃後の責務を聞き知ることで、自分たちの存在が枢軸国の連帯や世界大戦というマクロな次元に位置付けられる高揚感を味わったことであろう。「読者の手紙」と同じページに掲載されている「編輯局日記」には、「講演は各地とも超満員の大盛況である」と報告され、会場の熱気が伝えられている[61]。

山田はその後、東北、北陸にも出かけて講演会を行い、まさに全国各地を行脚したようだ[62]。講演会を訪れることのできなかった女性たちは、『戦火の世界一周記』を手に取ることができた。『主婦之友』に掲載された報告記事の増補版といった体裁で同じ一九四二年に主婦之友社より刊行され、山田がドイツ、イタリアで訪れた母子保護事業や戦傷者福祉事業の現場、それにこれらの国の女性組織の活動を伝える写真を多く収め、平易な言葉で綴られている。

この書が雑誌の報告記事と異なるのは、最後に盟邦ドイツ・イタリアをも凌駕するという日本の優秀さを訴えていることである。徳富蘇峰（一八六三〜一九五七）の『日本を知れ』を引用しながら、ヒトラーとムッソリーニが第一次世界大戦後の社会の混乱をおさめて新体制を始めたのは、「日本を模範」としたからだと述べる。そして、「三〇〇〇年の歴史」や「忠孝の精神」、「日本女性の貞淑な心」は、「ヒトラーをはじめ、全世界の心ある人びとの羨望の的となっている」と誇らしげに語るのである。[63] この思想は、徳富に心酔した主婦之友社主の石川武美にも見られる。

石川いわく、

「ドイツが家庭第一主義になったのは、わが日本の家庭の美風を真似たのである。婦人は日本のように、家庭を本城として国につくすべきであると悟ったからである。それも知らずに、何から何までドイツを手本にせねば納まりがつかぬように思うのは、ちとどうかと思う」[64]。

これらの国粋主義的な世界観の根拠は示されていないが、開戦後、欧米に対する自信を深めた現れであることは想像に難くない。

それはそうとして、次の言葉をして、山田は『戦火の世界一周記』を閉じている。

「実に、日本男児達が破邪顕正の大事業、米英打倒に勇猛邁進しているときに、婦人達は、日本国の大母様、天照大神の分身としての日本女性という稔侍を高らかに保って、どこまでもそれらの男児達の勇猛心の源泉たり得たいものだと、私はひたすらに希う次第です」(65)。

こうして、日本各地の母たちは、世界大戦の銃後を守るために、太古の女神に連なる歴史的存在へと昇華されるのであった。

世界一周の旅から帰国した山田は、以前と同じように『主婦之友』における「婦人身の上相談」を続ける。一九四三年からは「戦時生活相談」と名前を変えるが、それも一九四四年の四月号をもって誌上から消える。その一年後、東京が空襲により戦火に包まれ、山田が開設した幡ヶ谷母子寮および保育園は焼失する。イタリアではムッソリーニが処刑され、ヒトラーは自害した。ファシズム体制の「英雄」の死に山田はどんな感慨を覚えたのだろうか。そして、「世界に比類なき日本国」は敗北した。山田は「人間社会の進歩」、および「人類の文明」という観点からこれを考えることができたのだろうか。

雑誌『主婦之友』は、戦火の中にあっても刊行が途絶えることなく戦後を迎える(一九四五年九月、十月のみ合併号)。山田も一九四五年秋には主婦之友社の社屋で「婦人身の上相談」を再開するが、これが誌上で広く記事として掲載されるようになるのは、五年後の一九五〇年のことである。[66]この年は、奇しくも『主婦之友』で大衆の女性たちを動員した石川武美の公職追放が解けた年であった。同じく、市川房枝の公職追放も終わる。誌上の山田は、戦時期の自らの活動のことなど振り返ることもなく、女性読者の身の上相談に応じたのであった。

七　批判的に読むことの意義

冒頭の問いに立ち返ろう。なぜ今、山田わかを読むのか。

翼賛体制下にあった山田の活動に目を伏せていては、山田を十分に評価したことにはならない。もちろん、翼賛体制の旗振りをした女性たちは数多い。吉岡弥生や大妻コタカ、平塚らいてう、市川房枝、高良とみ、吉屋信子、林芙美子、村岡花子ら、戦後も教育界、政治界、文学界で活躍する女性は少なくなかった。女性たちのほとんどが戦争に協力し、それを拒もうとはしなかった。翼賛体制という大きな波に抗うことは難しく、男性と同じく女性もこれに呑み込まれていった。むしろ、イタリアやドイツのファシズムを批判し、軍国主義体制に抵抗的姿勢を示した山川菊栄のような存在こそが稀有であった。

これまでほとんど光が当てられてこなかった山田わかとファシズムの関係を考察した本章は、山田を軍部の協力者として告発し、母子保護事業に心血を注いだ彼女の評価を覆そうというのが目的ではない。身の上相談の回答者として、多くの女性たちを救い、心の支えとなった山田の活動は小さいことではなく、それを否定するつもりは毛頭ない。

家庭主義、母性主義という思想が、「人道主義」という衣をまとって女性個人の自由や独立を抑えたこと、男女の分業こそ人間社会の進歩とする思想がファシズムと親和性をもっていたこと、女性の中に多様性を認めず、「産む性」を求めることで政治空間における女性の存在感を高めていったこと。こうした「史実」の数々が、山田を通じて明確になることが最も重要であり、これに注意を払わなければならないのではないか。山田の思想の中に、少しでも現代日本社会でささやかれる女性論のアクチュアリティを読みとることができるのであれば、山田わかを、今、批判的に読むことの意義が認められるのである。

注

(1) 五味百合子「山田わか」、五味百合子編著『社会事業に生きた女性たち――その生涯としごと』ドメス出版、一九七三年(一九八三年、第七刷)、一六七~一八二頁。五味百合子「山田わか――人と歩み」『社会事業史研究』第8号、一九八〇年、六九~八四頁。

(2) 佐治恵美子「山田わかと母性主義」『お茶の水史学』第一八号、一九七五年、一五~三〇頁。

(3) 海妻径子「〈稼ぎ手としての男性〉要求から〈愛国主義〉へ――山田わかの女性保護論」小玉亮子編『現代のエスプリ　マスキュリニティ/男性性の歴史』至文堂、二〇〇四年、一七三~一八三頁。

(4) 今井小の実『社会福祉思想としての母性保護論争』ドメス出版、二〇〇五年、今井小の実「山田わか――苦難の半生から母性保護運動の旗手へ」室田保夫編『人物でよむ近代日本社会福祉のあゆみ』ミネルヴァ書房、二〇〇六年、一六三～一六九頁。

(5) 今井涼「山田わかの母性主義を支えた家族生活――家族関連新出資料をとおして」『キリスト教社会問題研究』第六四号、二〇一五年、一〇五～一三五頁。

(6) 斎藤理香「大正ロマンの生んだフェミニスト――山田わか・嘉吉の協働と思想(その1～その7)」『ことば』(現代日本語研究会) 三一号、二〇一〇年～三七号、二〇一六年。

(7) 以下、本章で取り上げる山田の著作は、復刻版によっている。また、そこからの引用は、旧字体を常用漢字にし、漢字の多用にも手を加えルビをふるなど読みやすさに努めた。

(8) 遣米使節としての報告記事は、『主婦之友』一九三七年一二月号から六回に亘って掲載された。山田を迎え入れたアメリカ各地の反応については、斎藤理香「大正ロマンの生んだフェミニスト――山田わか・嘉吉の協働と思想(その6)」『ことば』(現代日本語研究会) 三六号、二〇一五年、一一四～一三二頁に詳しい。

(9) 石川武美「編輯日誌」一九三八年六月二十三日、七月十六日『石川武美全集』第六巻、主婦の友社、一九八〇年、一七二～一七八頁。

(10) 一九三八年七月から開始した「婦人身の上相談」は、山田が東京にいる間はほとんど絶えることなく、戦後も続けられた。五味百合子は、山田の略年譜において一九四六年に「主婦の友相談室で身の上相談担当」としているが(「山田わか――人と歩み」一九八〇年、八三頁)、『主婦之友』の一九四五年十一月号にはすでに、主婦之友社の社屋での相談再開が告知されている。

山田は敗戦後すぐに立ち上がり、毎週月曜日、山田の助言を待つ女性たちのために、朝九時から十六時まで（一九四八年からは十五時まで）相談に応じた。『主婦の友』誌上での「身の上相談」の記事掲載の再開は、一九五〇年二月号である。

(11) 山田わか『現代婦人の思想とその生活』一九二八年（『山田わか著作集』第5巻　二〇〇七年）、三三六頁。

(12) 佐治、前掲「山田わかと母性主義」一九頁。

(13) 山田、前掲『現代婦人の思想とその生活』二五六〜二五七頁。

(14) 同書、二五七頁。

(15) 同書、二六〇頁。

(16) 一例として、Barbara Duden / Gisela Bock, Arbeit aus Liebe - Liebe als Arbeit. Zur Entstehung der Hausarbeit im Kapitalismus, in: *Frauen und Wissenschaft*, Berlin 1977, S.118-199,（『家事労働と資本主義』丸山真人編訳、岩波書店、一九八六年に所収）。

(17) 下田歌子『女子文壇』一九一三年三月号、『婦人常識の養成』一九一〇年、鳩山春子『婦人世界』一九一三年三月号、『婦人の修養』一九〇七年。

(18) 『大辞林』一九三一年版（一九四三年　一〇二刷）、七九六頁。

(19) 山田、前掲『現代婦人の思想とその生活』一八八頁。

(20) 同書、四一六頁。

(21) 同書、二一〇頁。

(22) Karin Hausen, Die Polarisierung der "Geschlechtscharaktere". Eine Spiegelung der Dissoziation von Erwerbs- und Familienleben, in: W. Conze (Hg.), *Sozialgeschichte der Familie in der Neuzeit Europas*, Stuttgart 1976, S.363-393, Brigitte Leierseder, *Das Weib nach den Ansichten der Natur. Studien zur Herausbildung des bürgerlichen Frauenleitbildes an der Wende vom 18. zum 19. Jahrhundert*, München 1981. 弓削尚子「啓蒙期以降のジェンダーと知」姫岡とし子／川越修編『ドイツ近現代ジェンダー史研究』青木書店、二〇〇九年。

(23) 山田、前掲『現代婦人の思想とその生活』三六一頁。

(24) 同書、三六二頁。

(25) 同書、三八一頁。

(26) 『婦人と新社会』第一一二号（一九二九年七月号）、一頁。

(27) 山川菊栄「婦人を裏切る婦人論」『新日本』一九一八年五月号（『山川菊栄集』第一巻 岩波書店、一九八一年、一五六～一八八頁）、引用は一七三頁。

(28) 同論文、一六八頁。

(29) 同論文、一七四～一七五頁。

(30) ナチズムは、ジェンダー規範の遵守を「アーリア人種」の優位性の証左とし、「産む性」と「戦う性」の徹底を図った。クローディア・クーンズ「もっと男らしい男、もっと女らしい女——ナチ人種憎悪のイコノグラフィー」原田一美訳『思想』八九八号、一九九九年、一〇四～一三五頁。たとえば、一九三六年に設置された「同性愛・中絶撲滅闘争帝国センター」は、男性同性愛者のレッテルである「男らしくない男」と、中絶を求める「女らしくない女」を取り締まる組織として、ナチズムのジェンダー政策を象徴するものである。M・バーリー／W・ヴィッパーマン『人種主義国家ドイツ 1933 - 45』柴田敬二訳、刀水書房、二〇〇一年。

(31) 山田、前掲『現代婦人の思想とその生活』三八二頁。

(32) 同書、三七頁。

(33) 『婦人と新社会』第三六号、大正十二年（一九二三年）二月。ファシスト党の女性組織は一九二〇年に誕生しているが、この記事にはふれられていない。

(34) 鈴木裕子『フェミニズムと戦争――婦人運動家の戦争協力』マルジュ社、一九八六年、一七～一八頁。「婦人国策委員」としての山田の職務については、鈴木による。

(35) 「編輯日誌」一九三八年五月二十五日、『石川武美全集』第六巻、一七一頁。

(36) 『主婦之友』一九四一年一月号、四八～四九頁。

(37) この時期、日本の女性が視察のために渡独したのは山田だけではなかった。『主婦之友』一九四一年八月号の「戦うドイツ決死行」という山田の記事には、ベルリンの宿について「以前、吉岡女史をお泊めした部屋」を薦められたという記述があり、東京女子医科大学の創設者で女性運動家の吉岡弥生の渡独に触れている（吉岡は、一九三九年に文部省、厚生省の嘱託として医学教育および女子保護事業の視察のため、ドイツに五カ月ほど滞在した。『吉岡弥生伝』東京総合婦人会出版部、一九四一年）。また、奇しくも同時期に発売された『女性展望』（一九四一年八月号）には、慶応病院に勤務していた医師、松村鐵子による「戦時下独逸の国民生活」という記事が掲載されている（一一二～一一三頁）。松村は他の二名の女性とともにナチス婦人団体に招かれて、一九四〇年六月に東京を出発し、約一年間ベルリンを中心に婦人団体の組織や事業を見学し、病院での研修も受けた。

(38)『寫眞週報』第一五一号、一九四一年一月、二四頁。

(39)こうした喧伝にもかかわらず、当時のイタリアの出生率はむしろ低下していった。だからこそまた政権は、出産奨励キャンペーンに熱を入れたのであろう。イタリア・ファシズムの女性政策については、山手昌樹「ファシスト党と女性――女性ファッショ研究序説」『紀尾井史学』二五号、二〇〇五年、一～一一頁。高橋進『イタリア・ファシズム体制の思想と構造』法律文化社、一九九七年、とくに「2イタリア・ファシズムと女性――ファシズムにおける女性の統合」、ヴィクトリア・デ・グラツィア「ファシズムの家父長制――ムッソリーニとイタリアの女性たち（一九二二～四〇年）」F・テボー編『女の歴史Ⅴ』杉村和子・志賀亮一監訳、藤原書店、一九九八年、二〇〇～二四五頁。

(40)ジゼラ・ボック「ナチズム――ドイツの女性差別政策と女性たちの生活」F・テボー編『女の歴史Ⅴ』二四五～二八八頁、ジョージ・L・モッセ『ナショナリズムとセクシュアリティ――市民道徳とナチズム』佐藤卓己・佐藤八寿子訳、柏書房、一九九六年、ウーテ・フレーフェルト『ドイツ女性の社会史――200年の歩み』若尾祐司ほか訳、晃洋書房、一九九〇年、一八九～二三五頁。

(41)吉屋については、駒尺喜美『吉屋信子――隠れフェミニスト』リブロポート、一九九四年、吉屋の戦時中の作品における女性の動員については、菅聡子『女が国家を裏切るとき――女学生、一葉、吉屋信子』岩波書店、二〇一一年、第七章、第八章。

(42)『現代婦人』四八三頁。
(43)山田わか『戦火の世界一周記』主婦之友社、一九四二年、一九八頁。
(44)一九四一年十一月から四二年二月にかけて、国民勤労報国協力令や労務調整令が出され、工場や事務所における女性動員が強化された。鈴木、前掲『フェミニズムと戦争――婦人運動家の戦争協力』一九三頁。
(45)山田、前掲『戦火の世界一周記』一五〇頁。
(46)同書、四三頁。
(47)クローディア・クーンズ『父の国の母たち――女を軸にナチズムを読む』姫国とし子監訳、時事通信社一九九〇年、上巻九～一〇頁。Mary Ritter Beard, *Woman as a Force in History. A Study in Traditions and Realities*, New York, London, 1971, p.23.
(48)山田、前掲『戦火の世界一周記』五六～六一頁。
(49)山川菊栄「野蛮と文明」一九三五年九月(のちに『婦人と世相』に収録、『山川菊栄集』6、岩波書店、一九八二年、一〇七～一〇八頁)。
(50)山川菊栄「ナチスと婦人」(『読売新聞』一九三五年十二月五日『山川菊栄集』6、一一三～一一四頁)、「ナチスの七児主義」(「女の立場から」一九三六年九月十八日、のち『婦人と世相』に収録、『山川菊栄集』6、一三九～一四〇頁)。
(51)鈴木東民「ファッシズム政権下の婦人」『女性展望』一九三七年三月号、二～四頁。
(52)鈴木は、日本電報通信社の派遣研究員に選ばれ、一九二五年からドイツに滞在した。派遣期間は一年だけであったが、その後もベルリンに残り、ナチスの台頭を案じ、ナチスの政権掌握を激しく批判する記事を日本へ送っていた。一九三四年の帰国後すぐに『ナチスの国を見る』（福田書房、一九三四年）を発表。『改造』などの雑誌でもナチス批判を展開した筋金入りの反ファシストであった。その活動は、ヒトラー崇拝者であった大島浩大使やオイゲン・オットー駐日ドイツ大使などから圧力を受けた。鎌田慧『反骨　鈴木東民の生涯』講談社、一九八九年。

(53)「待望の母子保護法　ますます実現近し――山田わか女史と語る」『女性展望』一九三七年三月号、九二〜九三頁。

(54) 市川房枝「巻頭言」『女性展望』一九四一年八月号、二頁。この号をもって『女性展望』は最終号となった。

(55) もっとも、『主婦之友』をはじめとして女性雑誌は、すでに日中戦争以降、軍国の母など戦時体制における女性の役割に重点を置くようになっていた。一九四一年の雑誌統制により、女性雑誌もまたファシズム・イデオロギーの一翼を担うメディアに徹した。四方由美「戦時下における性役割キャンペーンの変遷――『主婦之友』の内容分析を中心に」『マス・コミュニケーション研究』第四十七号、一九九五年、一一一〜一二六頁。木村涼子『〈主婦〉の誕生――婦人雑誌と女性たちの近代』吉川弘文館、二〇一〇年、七四〜七七、一五四〜一五五頁。

(56)『主婦之友』一九四二年二月号、「戦乱の欧州より還りて」六一頁。

(57) 読者は一九四一年十二月にはすでに講演会が開催される運びであることを知らされていた。『主婦之友』一九四二年一月号（前月発売）の「編輯局日記」には次のような記載がされている。「十一月一日、輝く使命を果たして帰国の途にある山田わか女史は、十二月十日頃、横浜入港の

(58) 予定である。全国各地に独伊視察報告講演会開催の手配中。御期待を願う。」二五二頁。「二月十五日（木）晴、二月号の発売日。きょうを外したら買えぬというので物すごい売行である。朝早くから行列に加わっていたのに、三人ほど前の人で売切れた、と相談にこられた方があった」。『主婦之友』一九四二年三月号、「編輯局日記」二一三頁。

(59) 『主婦之友』一九四二年三月号、二一三頁。

(60) 山田、前掲『戦火の世界一周記』一九七〜一九八頁。

(61) 『主婦之友』一九四二年三月号、二一三頁。

(62) 『主婦之友』一九四二年六月号、「編輯局日記」

(63) 山田、前掲『戦火の世界一周記』二〇二頁。

(64) 「編輯日記」一九三九年四月二十一日『石川武美全集』第六巻、一八一頁。前日の四月二十日にも同じようなことを綴っている。

(65) 山田、前掲『戦火の世界一周記』二〇三頁。

(66) 注10参照。『主婦之友』一九四五年十一月号から一九五〇年一月号まで、毎週月曜日の相談実施の告知だけが巻末に掲載された。

※『主婦之友』および石川武美の書籍の閲覧については石川武美記念図書館にお世話になった。ここに謝意を表したい。

第六章　愛とケアについて――体験による学びと実践のレッスン

望月雅和

一　愛と道徳の教育へ――生きていく可能性の統制と倫理

一－一　道徳規範の形成と体験による学び

わかは、神奈川県の三浦から太平洋を経て、アメリカのシアトルに渡り売春に関わり、サンフランシスコのキリスト教長老派の救済施設であるキャメロン・ハウスで救われた。彼女は、売春の「当事者」「体験者」であったのである。我が国の近代期の女性論者の中でも、わかのように、異国における性愛の被害の経験・実体験を経て、膨大な学識を得て思想を深めていき、ケアの事業経営など実践活動をした者は稀であるだろう。

それでは、わかの家庭、教育、愛や職業に関する考え方は、どのようなものであったであろうか。これを見てみると、彼女の人間や愛への見解は驚かされるものがある。机上の空論ではない、男女の愛欲の体験や現場に裏打ちされ、国内外の学識を深めた彼女の結論は、徹底して家族と母性愛を讃えることであった。父と母、男性と女性による性役割や子育て規範の徹底、道徳の統制、人間のあるべき教育の強化、日本、ドイツのナチズム等にみられる、国力増進への賛美であったのである。

このような彼女の人生の軌跡は、さまざまな教訓を今日まで与えてくれる。例えば、近年にますます重視されている体験による学び（「アクティブ・ラーニング」等）への教訓、母と子、保育や教育の原理、国策に則った道徳や倫理の教育への示唆である。

わかによる愛のあり方の徹底性は、女性の「恋愛」に関する態度に明らかにされている。彼女は相談援助というカウンセリングの仕事もしており、妊娠・出産のあり方などにも言葉を残している。ここでの恋愛観を見ても興味深い。わかの恋愛観・結婚へ至るプロセスは、女性の性愛に関する「受け身」、受動性を尊ぶもので、女性の性的な身体が強調されて讃えられている。自著の『恋愛の社会的意義』(1)によれば、わかと対照的な見解として、「山川菊栄氏の『女も進んで求婚すべし』について」(2)を採り上げており、これを批判している。

わかはこの文章で女性の愛と身体について、女の愛は精神的に目ざめて官能に進んでいくこと、男の愛は官能に起って精神的に進んでいくことが示される。そして、女子の肉体は男子のそれよりも複雑で高尚に造られているからであるという。したがって、「官能」が優位である男性の身体に対して、女性の受動性とは、女性の地位の低さや実力がないことなど何ら関係のないことであり、女性には天賦の優越権があるからこそ受動的なのであるとする。さらには、男から求婚されるのが女の誇りであり、自然の生き方であろうと述べて、女性が恋愛に主導的に関わろうとすることについて、わかは徹底的に批判する。

恋愛をする際、女性は消極的でなければならない。男性こそが恋愛を主導しなければならないという、驚くような道徳や教育の主張をしている。こうしたわかの態度に、山川菊栄からも強い批判が寄せられているが、女性の身体について、生得的な著しく固定した見解がそこに見られる。

それではなぜ彼女は、このような男女関係や道徳の教育を目指したのであろうか。そこに見られるのは、「当事者」、「被害者」としての彼女の生き方や思想と整合的である。体験や知識に裏打ちされた道徳、倫理の教育は、わかにおける生涯の中で、ある意味で筋が通っているようにもみえるのである。

先述のように、対比的にわか自身が採り上げている論者の一人に、我が国の女性運動の源流の一人として、今日にも通ずる抜群の論評をしている山川菊栄（旧姓は青山）がいる。その家族や人間形成においても対照的である。水戸の弘道館総裁にもなり、東京女子師範学校（現在のお茶水女子大学）の初代を主席で卒業した実母の青山千世《ちよ》の深い愛情に育った菊栄は、中庸かつ、バランス感覚のある自由な論評の思想を醸成していった。近年、企業や公共的に広く推奨される、「働く女性」に関して、先駆的な論者として菊栄は知られる。

一方で、わかによる年少期からの人間形成を見てみると、家族と離散、文字すら書けないような状態で、やがて売春業の経験をしていった。アメリカで単身、男の性欲にまみれ、宗教的な支援と回心、夫の嘉吉の援助や教育、啓蒙に感化されて成長をしていった。こうして、男女間や異文化の現場や実体験によりながら、人間観が形成されていった。
こうして彼女の考えは、何より「家族」の尊さが重んじられて、男性に愛される女性の身体への賛美、そうして厳しく統制をする道徳の礼賛へと至っていった。「母親——とりわけ専業主婦」を讃えて、ケアの主体としての女性、慈母として子どもに尽くすことを礼賛し、経済主体としての夫を前提とする、人道と道徳の教育への道に至るのである。自由な恋愛、働く女性やキャリア形成をする女性を忌み嫌い、男性に尽くし家族を創る、「日本人女性」としての生き方こそがモデルなのである。

これは、国際的な活動の中で、体験的な積み重ねにより形成された実践の知であり、自らの体験や現場から得た知でもあった。さらにこうした考えは、数々の思想的な検討、わかが尊んでいたキリスト教の聖書、西洋の思想に絶大の影響を与えたイマニュエル・カントの引用が見られる。さらには、左翼運動の支柱ともいえるカール・マルクス、精神分析家のジークムント・フロイト、教育思想に大きな影響を与えたジャン＝ジャック・ルソー、そして、日本の保守教育思想に影響を与える二宮尊徳に至るまで、東西を超えて幅広く思想を得た帰結であった。

彼女の生涯を見ていえることは、決して、彼女は「無知であったから」ではなく、膨大な知識を学びながら、そのような帰結を見出したのである。さらに、彼女の恋愛等のアドバイスや相談援助は、実体験や現場の実践に深く裏打ちされており、ここから道徳観、そして、家族や恋愛の見方が形成されているのであって、決して知識に偏ったものでないことは明確である。

彼女の生き方が現代に示しているのは、ある種の当事者を中心とする体験や体験主義の深刻な問題であり、同時に知識を中心とする学びの警告なのである。

一‐二　生きていく可能性が制約される／道徳の教育をめぐって

今日から考えると彼女の人間観や教育の問題点は、その生き方や残された文章から数多く列挙することができるであろう。先述のように、恋愛では常に女性は消極的であるべきだといった性規範や、家庭の外で仕事をするのは男性が中心といったものである。加えて、性別役割分業に基づく家族の尊重と国威発揚は、ナショナリズムや戦争と結びつき、歴史的な汚点を残した。わかは、「愛欲の擁護」(3)と呼ぶが、それは身売りという自らの経験を経て、男女の道徳、性を極端に分別するものである。男性と家族に尽くす道徳性の涵養があり、ここに内在する彼女のもつ道徳の教育に関する問題を掘り下げてみたい。

彼女がここまで女性の性道徳、規範的教育を徹底させた理由としては、彼女の生い立ちとの相関関係に注目することが示唆に富む。世の中には逸楽の性欲、とりわけ性欲を商品化して、取引である売春を肯定し、性欲を開放的な商取引として解釈して、ビジネスのシステムとして肯定的に捉えるという見方がある。

このような見方は、有史以来、現在まで一貫して論争的であった。近年では、ノーベル平和賞の受賞団体で、国際的に人権を擁護する団体としても名高い「アムネスティ・インターナショナルが、二〇一五年、「合意の下での性労働に関わる行為」を公的に捉えて、「セックスワーカー」の専門職として人権を擁護する主張がなされ、世界的なニュースになった。

「人権」、あるいは、「人権の擁護」というと何を思い浮かぶだろうか。この売春は、法あらゆる人の人権を守る、虐げられた人の権利を擁護するという教科書の記述にあるような道徳は、しかし、生々しい売春婦の擁護を現実にどうすればよいのだろうというと、途端に論争的になる。この売春は、法的に犯罪者として扱われることもあるだろう。世界的に影響のあるタイム誌にも、セックスワーカーを脱犯罪として捉えること、性産業を公的に捉えて、「売春者の権利を擁護」していく姿勢が大々的に報道されている(4)。

アムネスティは、国際的な立場から人権擁護の実践が広く知られている。この延長線上に性風俗産業に関わる女性の擁護が論じられているのである。ちょうど山田わかは、売春、特に強制的な売春の「当事者」として、このアムネスティの方向と異なる立場に立つ。彼女は、性的な開放を痛烈に批判、道徳的な性の統御、女性役割の徹底、恋愛活動の制約を教訓していったのである。

このような彼女の成長過程を見るとき、彼女の主張は理解できないでもない。彼女は、アメリカ・シアトルの地で性産業に加担するという、すさんだ生活を送り、やっとのことでキリスト教長老派のセツルメントであるキャメロン・ハウスにたどり着いた。そして、夫となる嘉吉を通して、「啓蒙」の教育、ケアの事業経営を広めゆくことへと使命を陶冶していった。だが、彼女の「道徳の教育」には現代から見ても、国家統制と教育等、いくつもの問題がある。

だが、彼女の「道徳の教育」には、現代から見て極端な女性の性役割の分業制、道徳による統制は、人権の制約につながる。ちょうどわか本人が女性論客としてキャリアを形成していったのとは逆に、国家によって道徳統制を強めることが、著しく人間への可能性、その運命さえも統御され抑制されていくのである。

「道徳」や「倫理」の教育が標榜される、このような教育に関する実践行為は「よい行為」として見なされやすい。しかし、このような善悪や価値観を明確とする教育は、家族や仕事、職能選択、結婚等の生きている時を決定的に振り分ける。時として将来に渡って、人間に潜在性や可能性、生の選択を制限し、その人の運命の可能性を制約していくのである。

山田わかが尽力し、推進してきた道徳や女性の教育を見るとき、その極端に制約的な態度が、その対象となる女性、その後の生き方に大きな影響を与えることが分かる。わかは「女性」、「男性」という区分により、その後の愛のあり方、職業や職能への選択を明確に定め、これを強力に推奨していった。

しかしその当時に、守旧的な道徳観が脱構築されて、平塚らいてうや与謝野晶子等による「新しい女」という人間への構想、その具体的成果として『青鞜』誌が一九一一年に発刊されていったのである。それは文学的な貢献だけでなく、生きていく可能性や力を育む教育、人間学的な生の選択の広がりという意味で、その意義が甚大であった。

らいてうによる教育的な貢献は、生き方や働き方など、生の可能性の発現として、現実の生き方や職業倫理として現れてくるであろう。次節では、らいてうや晶子と歴史的な論争となり、わかが強烈な主張をしていくことになる、母と子どものケア／保育の原理に関わる母性保護論争を踏まえて見てみよう。

二　母と子どものケア／保育の原理をめぐって

男女の性関係に密接に関わる「子育て」のあり方は、著しく現代的な課題をもっている。それは、母と子、父と子いったプライベートな領域から、国策としての教育や保育のあり方、制度の側面まで広く及ぶ。現在の日本においても、保育者の支援は、ケアの専門職領域において格別に重要となっている。歴史を鳥瞰すれば、我が国の母による子育て、保育の原理、そして職業倫理の実践規範が扱われる「母性」の概念をめぐる歴史的な論争が、一九一八〜一九一九年に行われた「母性保護論争」であった。

この論争では、平塚らいてう、与謝野晶子、山川菊栄、そして山田わかがケアや保育の原理的な点に、各スタンスの差異と同意を明瞭にしていった。実に教育や保育への原理的な学びへのレッスンとなっているのである。

女性や子育て、職業について、まず本論争は、与謝野晶子が一九一八年の『婦人公論』誌上の「紫影録」に寄せた、「女子の徹底した独立」[5]という論考から始まっている。これは、母親の子育てを独立して捉えて、国家による母子保護や経済支援を批判的に取り扱ったのである。晶子の教育論議は、実にシンプルであるが、子育てや保育の原理を考える際に、その使命感や子育てを実践する意義をダイレクトに指摘し、重要な論点である。このような晶子の言葉に対して、鋭く切り込んでいったのが、平塚らいてうであった。

らいてうは、育児支援における国家的な役割が重要であると提起し、晶子を批判する。今日、保育者の専門職養成や幼稚園教諭の養成においても、「社会福祉」や「教育制度論」、「社会的養護」への視点は欠かせず、カリキュラムの中にも国家法制の役割が不可欠となっているが(6)、この時代に明瞭に国家的、経済的な支援の重要性を説いた、らいてうもまた、晶子と同様に、意義深い視点を示した(7)。

らいてうは、「母性保護問題について再び与謝野晶子氏に寄す(8)」という文書の中で、「子どもというものは、たとえ自分が生んだ自分の子供でも、自分の私有物ではなく、その社会の、その国家のものです(9)」といい、「国家は、母がこの義務を尽くすという一時から考へても十分な報酬を与へることによって母を保護する責任」があるといって、子育ての国家による経済的な支援までも要求している(10)。

今日、公共政策としても、子育て支援は格別に重要であるが、明確な形で、らいてうはその必要性を指摘した。加えてらいてうは、「あなたが母性の保護ということに対して、また女子の経済的独立ということに対してこんな御考へ違いをなさるようになったのは、子供を自己の私有物視し、母の仕事を私的事業とのみ考へる旧式な思想にとらわれている[11]」と喝破するのである。
「母の仕事を私的事業とのみ考へる旧式な思想」とは、ケアの教育原理や政治経済的な領域を含むケア論を探究するうえで重要な観点である。今日では、ケアの専門職教育における制度的な視点は、不可欠となっている。らいてうのいう「母性」とは、生物機能的な意味ではなく、実に公共的な教育や保育、そして、経済倫理的な点も含む実践規範をとりわけ問題としたものである。

子育てを経済制度に頼るこうした態度について、晶子は、女性による「依頼主義」であると痛烈に批判する。すなわち、「今後の生活の原則としては、男も女も自分たち夫婦の物質的生活は無論、未来に生きるべきわが子の保育と教育とを持続し得られるだけの経済上の保証が相互の労働によって得られる確信があり、それだけの財力がすでに男女のいずれにも蓄えられているのをまって結婚し、かつ分娩すべきもの[12]」であると指摘し、さらには、「たとえ男子にその経済上の保証があっても女子にまだその保証がない間は結婚および分娩を避くべき[13]」とまで述べている。

男女の経済的な自立を促し、社会的な経済支援を厳しく批判している。晶子によれば、「男子の財力をあて」(傍点は原文ママ[14])にして結婚や出産をする女子は、たとえ恋愛であってもその彼女は、「依頼主義」であるとまでいうのである。

確かに、子育てや教育を自立的に捉えるのは、育児の放棄などから考えれば、生命擁護の責務を果たすという意味でも重要な視点ではあろう。しかし、前述の晶子の視点は、母と子どものケアに関わる社会支援を著しく軽視するという問題があり、例えば、まったく健康な母親であっても、何らかの障害、メンタルな病が及ぶ場合もある。社会支援の必要なケースは数多く、経済状況の変化から、極度の貧困となり助けが必要となることもあろう。加えて、法律上婚姻関係にない男女の間に生まれた子どもの支援、母親のみではなく、子どもでも、父にまでその援助や問題が及ぶ。

このとき、ケアを求めるのは（例えば、専門職の保育を要請することは）、決して「依頼主義」などではない。そうではなく、それは「人権」であり「権利」の発露として、人間は助けやケアを求めることができ、こうした公共の福祉を整備する義務が国家にはあるはずである。

この意味において、らいてうが「母の仕事を私的事業とのみ考へる旧式な思想」と晶子を批判するのは当然なのであり、今日まで及ぶケアの公共的な形成やその学びを考えるうえでも重要な視点である。この論争で、晶子の教育への高らかな自立心、そして、らいてうの母や子への国家的なケアの支援について、見事に論点を整理して論評をなしたのが、山川菊栄であった。

菊栄は、一九一八年九月の『婦人公論』に「母性保護と経済的独立――〈与謝野、平塚二氏の論争〉[15]」という文章を寄せている。この文章は、母性保護論争のコンテクストや国内の論議だけでなく、国際的にみても歴史的に意義のある内容が含まれている。菊栄は、前述の山田わかとの恋愛におけるスタンスの違いのように、バランス感覚のある相対的思考を有していた。この思考は、この文章にもよく表れており、「私は与謝野、平塚二氏の主張に対しては何れも一面の真理を認めている[16]」と指摘し、晶子やらいてうの母と子育てのあり方について、それぞれの当事者の言葉に内在する「真理」を相対的に捉えて、それを再構成していった。

菊栄は、冒頭にらいてうや晶子を「私はかねて敬意を抱いている先輩[17]」として、「日本における最も進歩的な婦人思想家[18]」と明記して、その思想や生き方に深い敬意を示している。そのうえで、二人の母性と子育ての構想について、内在的な真理を相対化しつつ、より根本的な問題として、育児期における女性が、「職業に従事することが可能なのか不可能なのか[19]」にあるとし、保育原理的な諸相に関する問題へと話を進める。

菊栄の論説において特筆すべきは、晶子のような女性の自立を尊びつつ、同時に「育児の社会化[20]」を先駆的に説いていることである。保育のカリキュラム編成を見ても、社会的擁護の科目が出てきたのは近年であり（——現在では社会的養護が公的にも推進されている[21]）、今から一〇〇年ほど前に、こうした考え方をもっていたことに驚かされる。

さらに、本論で菊栄は、家庭内における女性の仕事について、「不払い労働[22]」であると見抜いており、国際的にも非常に先駆的である。このような観点はケアを専門職化し、対人援助の職業倫理を考えるうえでも実に重要である。不払い労働といえば、イヴァン・イリイチ（一九八一年）の『シャドーワーク[23]』が出版されて、国際的に広く知られているが、はるかに早い段階で菊栄は論じていたのである。

菊栄の論議でさらに着目するべき視点は、晶子が強い憂慮をもっていた、母と子どもに対する国家や組織的なケアの支援が強まるとき、家族や愛などプライベートな親密圏へ向けて倫理教育への介入が強まることを知悉《ちしつ》していたのである。すなわち菊栄は、国策によるケアの支援を通じ、かえって人間が統制されて、生きていく可能性を制約していく危険性を如実に見出していたのである。そして、こうした危険性を実によく示しているのが、山田わかによる母と子どもへのケア、愛の思想であった。

三　身体が統制されていくこと／人間と国家

山田わかの生涯を語る際、二つの外せない重いトピックがあると思われる。一つは、若き日のアメリカでの売春の体験であり、もう一つは、女性運動家として、母と子どものケアの関連から、戦時国家における国策をリードし、国家統制へと加担していったことである。このことは、とりわけ日本と同盟の国家であったドイツ、ナチズムに関わる国際的な活動を率先して、ミッションの陶冶を通し国内外への実践活動に活躍し、ヒトラーを絶賛していく軌跡に示されている。

このようなわかの行動を明示した書物に、わか自身が主婦之友社（現在の主婦の友社）から一九四二年に出版した『戦火の世界一周記』[24]という書物がある。この本は前掲の『山田わか著作集（全六巻）』にも収録されておらず、ごく一部の専門家以外、あまり知られていない。これは日本のみならず、とりわけヒトラー政権のドイツ、ムッソリーニ政権のイタリアへのスタンスを今に伝えている。

わかは、朝日新聞（当時の東京朝日新聞）の相談員であった、石川武美が設立した主婦之友社において、女性と家庭、愛とケアなどについて、誌面の対面相談員として、幅広い相談援助やカウンセリングを行っていた。この相談援助には、歴史的な論争となった妊娠中絶をめぐる論争なども含まれる。

わかの旺盛な執筆活動や社会活動は、母子扶助への運動にまで発展し、一九三四年に母性保護連盟を結成し、初代委員長に就任した。同年には主婦之友社の顧問にまでなっている。母性保護同盟の活動はやがて一九三七年に貧困下の経済的な母と子への支援などを主としたものである。母子保護法の成立、また、同年に主婦之友社の婦人使節となりアメリカへ、そして、一九四一年にはドイツ、イタリアへと国際的に活躍の場を広げていった。

山田わか　『戦火の世界一周記』
主婦之友社、1942年（国会図書館所蔵）

主婦之友社により特別に派遣されて、わかが第一報を放ったのが一九四一年、第二五巻第七号に収録された「（ドイツより第一信）英国機の空襲に遭う[25]」という誌面記事である。ドイツのベルリンにて書かれたものであるが、わかを研究していくうえで、貴重な文章となっている。

四月二十日づけに書かれた記事、「ヒトラー総統のお誕生日」[26]を見てみよう。「大島大使にお願いして」[27]（――これは、日独伊同盟を推進し戦後終身刑となった、ドイツ大使を務めた大島浩のことである）、わか自身がヒトラー総統官邸までいくと記載されている。「国のため、人類の福祉のため、不惜身命のヒトラー総統」[28]、「この総統の意志の下に、喜び勇んで活躍する婦人達」[29]、「その温情に浴して大きくなっていく子供達」[30]と情熱的に書き、さらにヒトラーの官邸で記帳をして、「全日本女性国民の祝福をお伝えするためにまいりました」[31]と、その来訪の目的を記している。そして、主婦之友への第一信を「世紀の偉人ヒトラー総統のお誕生日をお祝いできた喜びに満ちて――」[32]と結び綴っているのである。

わかが記した「活躍する女性と子ども」という希望に満ちた構想の背後には、他方でその国策や教育、倫理的な規範から排除された人びとに対して、甚大な虐殺や暴力が満ちていた現実があるのであり、この状況はいかにもグロテスクである。

一九四二年の元日に執筆された『戦火の世界一周記』の序文には、「世界新秩序建設のため」、盟邦であるドイツやイタリアへと「希望に燃えて」雄飛してくその決意が描写される。[33]そして、「いざ、『一億一心、火の玉』の中へ飛び込ませて頂く」[34]として序を結んでいる。

この書物には、大局的なドイツ等の動向だけでなく、わかの強い関心であった女性、母親、子育て、保育というケアや教育関連のトピックがあり、相関的にナチズムによる国家や人間への構想が、強烈な讃嘆として活写されている。

目次を取り出してみると、「戦時下ナチス婦人会の活動[35]」、「ナチス国民厚生事業をみる[36]」、「徹底した母子保護事業[37]」といった項目が並んでいる。ナチスの女性活動についてわかは、その組織の統一性を賛美しつつ、その中心にいた、国家社会主義女性同盟のゲルトルート・ショルツ＝クリンクと現地にて面会し、主婦之友社からのプレゼントをクリンクに届けるといったことまでしている。この同盟の重要な仕事して、家庭生活を「より科学的により経済的に指導することが重要な仕事の一つ[38]」（強調ママ）としており、「花嫁学校、母の学校も経営[39]」をしていると紹介しつつ、その生活支援における経済的で合理的なケアの経営の意義を記している。

「徹底した母子保護事業」の記事では、「ヒトラーの思いやり深い顧慮」による全国にある「母の保養所」に言及している。子どもたちのケアを、保育士や看護師に任せて、一定期間、母に休養させるシステムだ。「母性保護事業が、これほど徹底しているところが他国にありましょうか。ドイツなればこそ」と評価している。

さらに、「ナチス国民厚生事業を視る」においては貧困、そして母と子どもへのケアのため、これまで格差状態にあった家庭生活に対して、ソーシャルワーク活動により、母と子どもたちが「ハイル・ヒトラー」と叫びながらこうした活動によって救われている様態を記している。今日では、スタンフォード大学のロバート・プロクターなどにより、ナチズム期のヘルスケアの研究成果があり、そこでは現在、日本などで重視されるがん対策、たばこ撲滅といった厚生事業が、ナチズムの国家主義を支えていることも記している[40]。前記のわかの動きも、現在の福祉政策へと繋がる母と子どもののケアといった点で、日本とドイツの戦時国家を支えて連動していることを、本記事は伝えている。

以上のような母子支援へのわかによる活写は、本書の最後に「日本女性としての矜持[41]」と記載されて結ばれるように、「日本人」として誇りをもって国力増進に努めること、国威のさらなる発揚が煽動されることが記される。本書の冒頭には、「日本国民の心構へ[42]」、「銃後国民のご参考[43]」と明記されているが、母と子といったプライベートなケア、教育や保育の活動を、強力に国体や科学的経営管理の増進と結んでいく構想をデザインしている。

わかのとったポジションや戦略は、ナチズムやファシズム国家に見られるような国力増進に貢献する家族、性別役割分業、関連する組織経営の遂行を煽動し、国家と身体を統合するリーダーシップを国際的に発揮していく中で、自らのキャリア形成、人間形成を促進していくことに見出せる。新しい国家の新秩序へ向けて、とりわけ、その組織内部における女性、母親、子ども、ケア、そして、その秩序を強化する道徳の教育という視点から、強力に国策とそれに準ずるケアの組織経営への貢献をしていったのである。

四　体験による学びと実践のレッスン——結びにかえて

現在、社会や経済産業の要請が強まるケアの教育は、実践的な体験による学びが不可欠ともいえ、今後もいっそう重視されていくだろう。そして、本章では個別のケースとして、女性のケアや福祉の実践に先駆的に関わった山田わかの成長と人間形成を記してきた。それは、身を売って生きていく不幸から家族のケアに関わる社会活動を行うという、ドラマティックな生の軌跡の中で織り成されてきたものである。

とりわけ本章で示されるのは、被害を受けた当事者が、使命を育み利他的なケアの実践をしていくこと、体験による学びの飛翔的な成長の可能性と危険性への教訓である。このような人物のケースの教訓として本論では、状況や文脈によって複合的に徳の秩序が変わってしまうこと、例えば、「道徳の教育」が、戦時国家への遂行の促進や協力に連なってしまうことが示された。

今日におけるケアの専門職教育として興味深いのは、「当事者」としての体験と実践、さらにケアの実践と国策への協力、倫理のあり方の問題である。現代ではバリアフリーの促進により「健康な学生、教師、職業人」が集うケアの職場という規範的フレームが反省されている。例えば、重度の障害をもつ学生や教師、職業人、「当事者」が、援助やプロフェッショナルな職務を担う側になるという場合も当然に想定される。

そもそも、「病者」、「障害者」、「当事者」という社会的な認証は、カミングアウト、アウティング、申請を必要とされることがあり、いったい誰が「当事者」であり、「被害者」なのか、その明確な認定は困難を極め、安易な決め付けは危険である。とりわけ差別が生まれやすい分野では、匿名を含むカミングアウトそのものが環境を刺激し、当事者が援助を得られるどころか、現状以上の苦しみや損害を与えていくこともあるであろう。

このような状況から、ケアの学び手がこの職務や職能に十分なミッションをもち、相手のことを思う学び手であったとしても、あるいはそうした真摯な態度を生み出す体験を積んだ者こそ、「ケアする者へのケア」といった視点、つまり実践への対象である他者のみならず、逆説的に自分自身の身体や行為へも省察するといった、複合的なケアへの実践が重要である。

山田わかのケースでいえば、売春や性暴力被害の当事者でありながら、それが隠されていた。さらに身体や愛、体験的な学びを論じていたが、人権に基づく学びを「女権主義」であるとして、自らの体験を経て、女性が過度の権利を主張することを批判的に扱っていた。それは、人権よりも愛に生きること、人道に生きることの強調であったのである。

山田わかの生涯を見ても、この「当事者性」はキーポイントになる。売春被害の当事者であったが、自身はそれを秘匿しており、性被害の当事者であることが隠されていた。さらにわかを評価する際、戦時国家やナチズムの礼賛を極めていたことは、ある種のタブーとなって、わかの人物紹介で採り上げられることは少なく、彼女の生涯を総合的に把握や評価をすることを困難にしている。

他方で、わかへの客観的評価や人物像は、とりわけケアの分野にて、母と子どもの支援のための福祉実践家や福祉経営者となっている。一九三五年に「母を護るの会」（原文ママ）を設置、母親たちが資金を得やすいように廃品業を展開し、一九三九年には東京の渋谷に幡ヶ谷母子寮、幡ヶ谷保育園の開設まで事業運営の展開をしたことにより、母子の援助、保育者としても歴史的に記憶される。

こうしたケアや福祉教育の経営事業は、終戦によってこの施設が事業停止となった後までも続き、一九四六年には「幡ヶ谷女子学園」を開業した。この学園は、売春の被害にあった女性のケアと教育を主として運営がなされた。その後、一九五二年に「母を護るの会」を社会福祉法人化するなど事業展開が続き、一九五七年に心筋梗塞にて七十七歳の生涯を閉じるまで、自身の当事者としての体験に呼応してくような、生涯を送っていった。

こうしたわかの最も基本的な実践へのスタンスは、愛の崇高さであり、母親として夫や子どもに尽くすこと、そのために国策として経済的な支援を含めて公助の促進を求めた。わかと論争した与謝野晶子は、女性と母親の「経済的独立」を徹底して唱えている。確かに、わかやらいてうが批判する通り、この視点には公的な支援が欠落し、貧困母子の凄惨な状況に対応することが困難で、重要な問題があったといえる。

しかし、このような国策や経済政策と連動するわかの思想と実践は、貧困母子の国家による擁護を目指すという運動を経て、母子保護法制定への働きかけ、やがてナチズムの福祉政策などへの糾合に至るという晶子や山川菊栄が憂慮した国家による身体の統制という深刻な状況を引き起こすことになったのである。

最後に、前述の考察のまとめとして、論点を二点に絞り結びとして記したい。一点目は、わかが生涯の中で濃密に関わってきた、母と子どものケア・教育・愛といった領域が、いかに一つの答えを得ていくことが困難であるかということである。

山川菊栄は前述の母性保護論争を評して論者であった与謝野晶子と平塚らいてうについて、「どちらも一面の真理がある」と評定している。この表現が象徴的に示しているとおり、個人の身体や生き方に関わる見解への評価は、知り得ることがどこまでも不可能のような、「不可知論」といえるほど複雑で、一つの普遍的な答えを出すのが極めて難しい。このことは、山田わかのケースが示すように、当事者としての過酷な体験と実践、国際性豊かな膨大な知識をもってしても、深刻な誤りを刻んでいたのである。

ケアや教育について、ある種の答えのない「アポリア（哲学的難題）」ともいえる問題について、積極的に実践へと活かす理念を捉えるのであれば、例えば、母性保護論争にあるようなさまざまな子育てへの語りの意義を多元的に捉えつつ、より最適な実践を探るというのが現実的であろう。

近年では、価値観の多様化、さらにグローバル化の流れの中で、多様性が尊ばれている。山川の批評のように、個人の体験や真理そのものを相対化する、より省察的な実践が求められるといえる。しかし、山田わかの教訓が示すように、教育とケア、家族や愛の捉え方によっては、時として相当な危険が潜んでおり、安易な相対主義では重大な問題も生じるであろう。

このため本論の帰結の二点目として、明確な規範の意義、とりわけ教育やケア、社会経済的支援、国策等の原理として、改めて「人権」の意義を強調したい。

人権という言葉は人によっては、あまりにも使い古されたようにも見えるかもしれない。しかし、人権の意義や可能性について改めて本章に照らして考えると、本書で問題が示されたほとんどの分野、女性の職能差別、経済的な扶助の問題、人間の決定権、国際的な人間への差別といった幅広い分野を含んでいることが分かる。「人権を擁護する」という視点をもつことによって、ことごとくその問題や解決の方途を捉えるものであり、驚かされるほどである。

そもそも、現在、国際人権法の基盤である一九四八年の第三回国連総会において採択された「世界人権宣言」は、先の二度の世界大戦を教訓として経た国際人権法であり、山田わかも関わったナチズムや我が国の戦前期の著しい人権侵害状況の教訓としても踏まえられており、世界的な遺産ともいえるであろう。

とりわけわかは、身体や愛、体験的な学びを論じていたが、しかし、人権を中心とする学びを、「女権主義」と相対化し、女性が過度の権利を主張することを批判的に扱っていた。彼女にとって、あくまでも大切なことは、「愛」に生きること、「人道」に生きることであったのである。

確かに今日の公教育のカリキュラムに明記される「生きる力」にあるように、生を肯定し身体を尊ぶ学びは、生きる意味を付与するという意味で意義深い。「生きる意味の喪失」というような今日的な状況において、山田わかや平塚らいてうが生きた瑞々しい思想や行動は、生きていくことの可能性に触れるという視点から重要度を増すだろう。

しかし、であるからこそ、「身体」や「体験」をやみくもに強調し、とりわけ人権や法を相対的に低位に位置付けて、無原則な教育や体感的な学びを遂行していくことが、いかに危険であるのか、わかは自らの生涯において示している。場合によっては、こうした実践活動はハラスメントや犯罪を誘発するであろう。

人権や法規範の重要な意義は、より広い倫理の視点まで示唆に富む。わかが礼賛してきた国策としての母と子どもに対するケアの事業は、ナチズムへと強い相関を示したことは、本論のとおりであるが、ケアの厚生事業の明暗を今日に伝えている。

ナチズムのケアに関わる厚生事業は、生産合理的でない者への排斥、障害者等への人体実験、人権侵害、犯罪行為があり、第二次大戦後に犯罪行為として裁かれたとは広く知られている。これは、世界的にさまざまな領域に影響を与えていったが、ケアや対人援助の重要な倫理的な規範にも影響を与えていき、発展的に一九六四年のヘルシンキ宣言などに見られる、具体的な一連の倫理規範が重要な遺産として見出される[44]。

これは医学や対人援助の職務倫理規範として実践活動に幅広く知られ、インフォームド・コンセント、新しい人権や自己決定権への視点など、ケアの専門職教育への深い示唆を与えている。わかは女性や母の道徳の強化を叫び、ナチズムに賛同し深く関わりを見せたが、このような戦時犯罪への厳しい反省により、今日の対人援助の新しい潮流に影響を与えていき、現在まで伝えられているのである。

法学者の樋口陽一は、「文化の多元性を尊重しながらも人権の普遍的価値を擁護する[45]」という視点がコンセンサスを得ているとし、今日にあっても普遍的な人権の意義を尊重しつつ、個別の文化やケースにおける多様性の尊重という複合的な思考を提起している。もとより人権の規範とは、フランス革命以後の一七八九年の「フランス人権宣言」とその後の展開に明確のように、当初に問題が内在していた人権概念が反省されて、女性、子ども、マイノリティ、セクシュアリティに関わる人権等、その他のさまざまに周縁化させられた存在の権利へと、範囲を広げて生成されてきたのである。

山田わかは教育やケア、愛のあり方をめぐって激しい論争や実践活動を繰り広げて、そこに成果を上げる一方で、過ちを犯してきた。とりわけ、わかの生き方は、自らが性暴力の被害を受けながらも、強調していた愛の力によって人生の可能性を世界まで広げて成長していったように、現代においても、その生涯の輝きは魅力をもっている。しかし、そこには、特に女性の教育、母と子どもへのケアの推進において、自己決定権などに象徴される人権の深刻な取り扱い、何よりも戦時国家における国家や国策の賛美と厚生事業の推進、ナチズムの礼賛において、わかの人生の軌跡は、歴史的な問題をも刻んでいき、教訓（レッスン）を与えているのである。

現在、人権や体験の学び、愛のあり方は、緊張感の中で編み直されている。人口や経済構造の変化によって、身体のケアへの国家の役割が重視されており、少子高齢化対策の比重が増している。私たちが体験により学び生きていくこと、その基礎となる教育とケアの原理を問い直し、練磨していく重要性を、わかの生涯は私たちに問いかけているのである。

注

(1) 山田わか『山田わか著作集第二巻――恋愛の社会的意義』学術出版社、一九二〇＝二〇〇七年。
(2) 同書、三五頁。
(3) 山田わか『山田わか著作集第六巻――新輯女性読本』学術出版社、一九三二＝二〇〇七年、三六一頁。
(4) Charlotte Alter, "Amnesty International Votes to Recommend Decriminalizing Sex Work," *Time*, 2015.(cf. http://time.com/3992788/amnesty-international-decriminalizing-sex-work/ [2016-09-27])
(5) 与謝野晶子「女子の徹底した独立〈紫影録（抄）〉」香内信子編・解説『資料母性保護論争』ドメス出版、一九一八＝一九八四年、八五〜八六頁。
(6) 厚生労働省「保育士養成課程等の改正について」（中間まとめ）、『保育所保育指針』と『幼稚園教育要領』等を参照。
(7) 例えば、保育士養成課程等検討会「保育士養成課程等の改正について（中間のまとめ）」、二〇一〇年。
(8) 同書、一〇五頁。
(9) 同書、一〇八頁。
(10) 同書。
(11) 同書、一一〇頁。
(12) 同書、八五頁。
(13) 同書。
(14) 同書。

(15) 山川菊栄「母性保護と経済的独立――〈与謝野、平塚二氏の論争〉」香内、前掲『資料母性保護論争』一九一八～一九八四年、一三三頁。
(16) 同書、一四二頁。
(17) 同書、一三二頁。
(18) 同書。
(19) 同書、一三九頁。
(20) 同書。
(21) 例えば、厚生労働省の解説による「社会的養護（子ども・子育て支援）」のＨＰを参照。
(22) 山川、前掲「母性保護と経済的独立――〈与謝野、平塚二氏の論争〉」一四〇頁。
(23) Ivan Illich, *"Shadow Work,"* London: Marion Boyars Publishers, 1981.
(24) 山田わか『戦火の世界一周記』主婦之友社、一九四二年。
(25) 山田わか「（ドイツより第一信）英国機の空襲に遭う」『主婦之友』第二五巻第七号、一九四一年、一八八頁。
(26) 同書、一九〇頁。
(27) 同書、一八九頁。
(28) 同書、一九〇頁。
(29) 同書。
(30) 同書。
(31) 同書。
(32) 同書。
(33) 山田、前掲『戦火の世界一周記』一頁。

(34) 同書、三頁。
(35) 同書、四二頁。
(36) 同書、五一頁。
(37) 同書、五六頁。
(38) 同書、四四頁。
(39) 同書、四八頁。
(40) ロバート・N.プロクター著、宮崎尊翻訳『健康帝国ナチス』草思社、二〇〇三年。
(41) 同書、一九八頁。
(42) 同書、三頁。
(43) 同書。
(44) 現在、日本医師会HP上に、「ヘルシンキ宣言（和文）」日本医師会訳が閲覧できる。
(45) 樋口陽一「人権」廣松渉、子安宣邦、三島憲一、宮本久雄、佐々木力、野家啓一、末木文美士編『岩波哲学・思想事典』岩波書店、一九九八年、八一三頁。

※本章の初出は、日本経営倫理学会大会の研究発表である、「ケアの専門職教育と活動による学びの考察」（『日本経営倫理学会第二十一回大会』）、日本経営倫理学会・理念哲学研究部会の推薦を受けた「ケアの専門職教育における体験と省察的実践のレッスン――山田わかの人間形成論を契機として」（『日本経営倫理学会第二十二回大会』）の研究発表、同学会の研究論文「ケアの専門職教育における保育の原理と実践の学び――山田わかの人間形成論を契機として」（『日本経営倫理学会誌』二四号所収）に基づき、本書の趣旨を踏まえて全体的に文章改定を行ったものである。

解説　個人の人生の物語から何が読みとれるか

東京大学大学院教育学研究科
能智 正博

恥ずかしながら、編者の望月さんに教えていただくまで、私は、山田わかという女性についてほとんど何も知らなかった。平塚らいてう、山川菊栄、与謝野晶子など山田わかの周りの人物についてでは、さすがにある程度常識的なレベルの知識はあったものの、決してそれ以上のものではなかった。だから、望月さんが私の研究室を訪ねて来られて、「こういう企画を進めているのだが、全体を見て解説的な文章を寄稿してもらえないか」と依頼されたときには、正直なところ、頼む相手を間違えているのではないかと思ったものである。

しかし、できあがりつつあった各章の草稿を渡されて読んでみたところ、すでに半世紀以上前に亡くなっている山田わかの人生が多角的にかつ細やかに照らし出されているところに強く引き込まれるものを感じた。読み進めると、私の専門である臨床心理学や質的研究の現状にも示唆的なさまざまな記述が目に飛び込んできて来るように思われた。編者の望月さんも元もとは心理学を学んで来た方であるというところで、どこか響き合うところがあったのだろう。もちろん本書に含まれる論考は、心理学を初めとする実証系の人間科学・社会科学を志向するものとは必ずしもいえないかもしれない。しかし、実証的研究（経験的研究）の文脈で——ただし、ここ二十年ほど変化広がりつつある質的研究の文脈で——読み直してみることにより、本書が達成したことに関して、新たな面が見えてくるような気もする。

そんなわけで、本書の原稿を読ませていただきながら私の思考が揺れ動いていたところを整理しながら、読者として想定される一般の方々だけでなく、大学の学部生・院生の皆さんを念頭に、少し「解説」的なことを書かせてもらうことにする。ただ前もって断っておくと、以下の文章によって、本書のテーマである山田わかの人生に関する理解が、個々の論考以上に深まるわけではない。むしろ私がここで展開したいのは、山田わかに限らず、個人の人生を詳細に見ていくことの、私たち一人一人にとっての意味である。

一　事例をていねいに見るという研究スタイル

私の専門である心理学を志す学部生は、最初の数カ月で幻滅を味わうことが多いという。なぜなら、そこで教えられているアカデミックな心理学が、彼らが日々出会う「こころ」の問題とかけ離れているように感じられるからである。話の内容がかなり細かな感覚・知覚の話であったり、ネズミ等を使った動物実験であったりする場合は特にそうかもしれない。少し前までは、心理学の教科書に「こころ」という言葉すらほとんど出てこない時代もあったが、それは「こころ」が「客観的」に観察できないという理由からだった。自然科学たろうとする心理学において、「こころ」の概念は前時代の遺物のようなものだった。当時その代わりに心理学を席巻していたのは、「行動」の概念である。「行動」なら、自然現象と同じように誰にでも観察できる(ように見える)。さすがに現代は、そうした極端な行動主義の時代ではないものの、やはり「こころ」を正面から扱う教科書はまだまだ少ないように思われる。「こころ」をもつ一人一人の人間から説明を開始することもまれである。「こころ」の代わりに使われているのは、せいぜいが「認知」という言葉である。ただ、これも観察可能な行動との関係の中で推測できる限りにおける「認知」であり、その背景にあるのは、コンピュータの比喩において捉えられた限りでの人間である。

非常に単純化していえば、主流の現代心理学において今も探求されているのは、行動や認知を対象にした一般的・普遍的な法則であろう。自然現象に対して、人類はそれを対象化し、要素を取り出し、要素間の因果関係を定式化することで、その現象を予想したりコントロールしたりしてきた。そうすることで、この百年二百年の間、環境を効率的に利用することに成功したのであり、私たちみんな、日々その恩恵に浴していることは決して否定できない。そしてそれが「こころ」と呼ばれる領域にまで広がっているのが現代であるともいえる。

実際、現代心理学はその最先端において脳科学に接近し、相互に影響を与えあいながら発展を続けており、その成果は、着実に私たちの生活の中に浸透しつつある。例えば、うつ状態にある人に関して、抑うつ的な気分は脳内の特定の種類の神経伝達物質が減少しているためだ、といった説明がなされることがある。そして私たちはその説明を特に疑うこともなく受け取りがちである。つまり、気分という心理現象を脳内の生理学的過程と関係づけるなど、誰にでもあてはまる生物学的な因果関係を迂回して個人を理解することは、現代に生きる私たちにとって常識的な人間理解の一部になってきているのである。

そうした人間理解の意義を認めるにやぶさかではないけれども、それを目指す心理学に対して違和感をもつ学部学生の皆さんの気持ちもよく分かる。実は私は、心理学の分野に籍を置く大学院時代、リハビリテーションの現場に出入りして脳損傷の方がたと接するようになり、紆余曲折はあったものの結局、質的心理学という主流からかけ離れた領域に「転向」してしまった。リハビリの現場でのそれも含め心理臨床においても、「一般的にはこうだ」という理解が役に立つことはもちろん少なくない。しかし同時に、「それは一般論に過ぎない」と思うこともまた多いはずである。そうした場で私たちが理解したいのは、特定の人についてであり特定の出来事についてであって、一般論は単なる手段に過ぎない。より切実に求められるのは、他と取り替えのきかない個々の人間の行為――それは繰り返しのできない人生の時間の中で生じる――をより深く了解することである。そのためには、行動や認知だけを問題にするのではなく、背景にある多様な条件やそれに対する本人の理解のしかた、などを言葉にし、共有していくほかはないであろう。

ここで思い出しておきたいのは、ほかならぬ心理学の歴史において重要な知見をもたらしてきたのが、個々の事例をじっくり見る研究者のまなざしであったという点である。事例研究こそ、現代の心理学を作り上げた立役者だったといってもよい。たとえば英文ニュース誌のＴＩＭＥが一九九九年に「二十世紀でもっとも重要な百人」を発表した際、科学者・思想家のジャンルで選ばれた心理学関係者はジークムント・フロイトとジャン・ピアジェだけで、この二人は事例研究、特にインタビュー研究の達人でもあった(1)。いうまでもないが、フロイトは、精神分析学の始祖であり臨床心理学の発展にも大きな影響を残した人物である。臨床場面において個人の話をじっくり聞き、その生活史と結び付けながら、無意識の理論を構築したことで知られている。児童心理学の基礎を築いたピアジェについては数量的研究のイメージが強いかもしれないが、主要な研究対象は彼自身の子どもたちだった。ピアジェは、準実験的な枠組みを用いて、子どものふるまいを記録すると同時に、彼らと対話してその認知発達のありようを捉えていった。二十世紀の前半から半ばにかけて、行動主義的な心理学や多数の被験者を扱う心理学が次第に優勢となる中で、事例を対象にした研究もまた独特の意義を示していたともいえる。

その後、統計的手法の発展と広がりのもと次第に事例研究は学界の脇に追いやられるようになったのだが、そんな中、個々の出来事や事例をていねいに記述することに独自の価値を見出し続けてきた学問領域もないわけではない。臨床心理学など対人的な実践に関わる領域がそれである。特に日本の臨床心理学では、セラピストが自分のクライアントとその心理臨床の過程をていねいに記述した事例研究が、一九六〇年代以降盛んに行われてきた。多くの場合、そこでは臨床の場における周辺的な文脈も含めて、詳細にそのクライアントのようすが分厚く記述された。文脈の中には、セラピスト自身も含まれており、その働きかけややりとりの特徴も細かく呈示されることになった。こうしたスタイルの研究を行うことで個々の心理職の反省的な視点がより繊細なものになり、その研究を読むことで、自らの心理臨床実践のためのヒントが得られてきたことは、想像に難くない。例えば、日本における臨床心理学の事例研究を基礎付けたともいえる河合隼雄は、事例研究の意義を論じる中で、こんないいかたをしている[2]。

(セラピストとクライアントの) 間に生じる両者の人間関係のありかたを一回一回、ひとつの「実験」として考えてみるならば、一人の人間の事例とはいいながら、それは「被験者一〇〇名」に値する重みをもっているということができる……。(二〇八頁)

……今までよくあったような、ひとつの症状について何例かをまとめ、それについて普遍的な法則を見出すような論文よりも、ひとつの事例の赤裸々な報告の方が、はるかに実際に「役立つ」……。このことは臨床に従事するものなら誰しも同意する事実であろう……(二一〇頁)

こういった事例研究は、決して一般的にあてはまる行動法則を明らかにしているわけではない。ただ、臨床の場で生じた（とセラピストが感じている）ことをていねいに記録しただけのものであるともいえる。そこに、読み手――多くの場合は臨床実践の専門家や学生だろう――は自分の実践に役立つかもしれない何かを摑み出すのである。その研究における記述は、直接的で字義どおりのものではなく、むしろ比喩的で感覚的なものとして受け取られるのではないだろうか。認知心理学者のホリオークとサガード[3]によれば、異なるものの間に結び付きを見つけるアナロジー（類比）のプロセスは、ものごとが「わかった」という感覚や新しいものの創造に結び付くと述べている。文脈も含めた分厚い記述は、臨床事例とその個人的背景との関係、また、臨床の場におけるクライアントとセラピストの関係を全体として描き出そうとする。その関係性の網の目を前にして、読み手はそのどこかに、まだ言葉になっていない部分も多い自分の経験している事例との類似性を感じ取る。そこに、さまざまなレベルにおける仮説が生まれ、仮説に基づく実践への意欲が生まれる。河合のいう「役立つ」とはそういうことなのだろう。事例とは他ならぬその事例であると同時に、読者にとっては自分の向き合っている別の事例の比喩なのである。

日本の臨床心理学においてこのように蓄積されてきた事例研究なのだが、現在では実証研究として批判がないわけではない。例えば、海外の臨床心理学の動向に詳しい下山[4]などは、河合らの唱導した事例研究を、実証性に欠けた事例報告に過ぎないと批判してきた。ここで「実証性」とは、主流の心理学で行われているような数量的な実験・調査研究のみを認め、事例研究を非実証的だと否定する硬直した基準を意味しているわけではない。実証的であるとは、それを読む読者がデータをもとにして同意したり批判したりできる、議論の土台を備えているかどうかということである。確かに、セラピストの側からの体験記述だけだと、本当にそういうことが起こったのかセラピスト本人でないとわからず、読者はセラピストの記述自体を批判する足場をどこにも持ち得ないことになる。いい換えれば、科学哲学者のカール・ポパーが「科学」であることの条件として重視した、「反証可能性」が低いことが多いのである。また、従来の事例研究では、特定の学派――例えばユング派――の理論に基づく解釈がなされることが少なくなく、その理論的な前提を共有しない読者にとってみれば、その解釈に同意することは難しいことがあるかもしれない。理論的な前提そのものを議論しようとしても、極端な例えを使えば、それは一種の「神学論争」になってしまうだろう。

　しかし逆にいえば、読み手がその記述の可否について議論できるような土俵を研究者が用意できれば、事例研究の価値は再生できることになる。近年、心理学の中でも「質的研究」といって、そこで得られたデータをもとに仮説を生成していこうとする研究スタイルが定着しつつある(5)。それは、データ収集、分析、結果の提示において、言葉を中心とした質的な資料を用いる研究法の総称であり、その性格上、少数の事例を研究対象にすることが多い。「データ」というと、数値の並びを想像してしまいがちだが、そこには、制約の少ないインタビューで自由に語られたテクストや、自然な場面で観察された行為やふるまい等も含まれる。すなわち、数値化される前の現実をまずは言葉で捉えて、それをデータとするところから質的研究は出発するのである。そこでしばしば注目されるのは、平均像からこぼれ落ちてしまう例外的事象であったり、これまで顧みられなかった少数グループの独特な体験様式であったりする。例えば、ある種の障害をもっている人の体験は、従来の心理学的な調査研究には乗せられないかもしれない。というのも、彼らをランダムに多数集めてきてその平均的あり方を抽出するなどといった研究デザイン自体、実施が難しいからである。そうした場合には、いきおい、少数事例に注目せざるを得なくなる。

二　事例を見るための構えとしてのナラティブ

質的研究を支える理論的な背景として、ナラティブの考え方があり、これもまた近年の事例への注目を後押ししている。「ナラティブ」とは何か。一般的な訳語は「物語」とか「語り」であり、例えば昔話のような、空想上のお話が思い浮かぶかもしれない。「桃太郎は桃から生まれ、犬・猿・キジをお供にして、鬼ヶ島に鬼退治に行った。」といった話には、確かに典型的なナラティブの要素が含まれている。そこには、はじめと中間と終わりという形の構造があるし、それから、勧善懲悪など意味のまとまりもある。しかし、近年ではナラティブの概念はより広く使われており、心理学その他の学問分野では、これを人間や社会を理解するためのキーワードとして重視している。

たとえばナラティブ論を基礎づけた理論家の一人に、心理学者のジェローム・ブルーナーがいる。彼は、人間には二つの思考様式があることを指摘したことでよく知られているのだが、それが有名なパラダイム的思考様式とナラティブ的思考様式である。[6] パラダイム的な思考様式は、論理・科学的思考様式とも呼ばれ、物事の記述や説明において、「形式的な数学的体系の理念を実現しようとする」ものである。いい換えるなら、いつでもどこでも適用できる一般的な関数の形でのモデル化がこれにあたり、従来の自然科学的研究はこの思考様式に則ったものである。しかし人が日常の中で世界や自己を理解する際には、もう一つの様式、ナラティブ的思考様式が使われることが多い。こちらは、「人間風の意図および行為、それらの成りゆきを示す変転や帰結を問題にする」もので、そこでは経験が特定の時間や場所に位置づけられる。人は、日常的に体験を物語様式で捉えており、一つ一つの出来事も自分の「こころ」も、ナラティブの形で体験している。

ナラティブの特徴は、その構成要素がいかに結び付けられるかによって、意味が変わってくるという点である。[7] だからこそ、ナラティブを通じてその人独自の体験世界が生み出される。よく引かれる例を一つ挙げておこう。

「大臣が殺された」

「王が激怒した」

という二つの出来事があったとして、この二つをこの順序で結び付けた場合と、

「王が激怒した」

「大臣が殺された」

と結び付けた場合とでは、印象がずいぶん違ってくる。前者だと、王の怒りの対象は大臣を殺した者に向けられているように感じられるのに対して、後者では大臣に向けられているように感じるのではなかろうか。結び付けかたが変わることで、意味が変化するのである。ナラティブはこのように、要素を結び付けて意味を生成する行為でもある。後者は、「物語る」という動詞を名詞にした「物語」と表記した方がよいだろう。したがって、「物語」を読み解く場合には何が語られたかだけではなく、どのように語られたかにも注目していかなければならない。

人は自分について、また、自分の生きる世界について物語りを作り、それに則して行為する。自分に関わる物語を「自己ナラティブ」と呼ぶことがあるが、私たちはそれぞれユニークな自己ナラティブを生きており、いろいろな形でそれを表現したり、その表現によって自己ナラティブをさらに意味付けたりしながら生きている。たとえば、両脚が動かないという特徴をもつA君は、「障害者」としての自己ナラティブを生きているかもしれない。そこでの「障害者」が、「脚が不自由で公共交通機関の利用もままならないからなるべく自宅で過ごした方がよい」という物語である場合もあるかもしれない。また、「自律的に外に出るのは人間として当然の権利だから、段差がある街並みは不当なものだ」という物語である場合もあろう。当然ながら、物語の意味が変

われば、A君の行動の形も違ってくる。どちらの物語が現実に即した客観的に正しいのかという議論は意味をなさない。というのも、その物語こそが、A君にとっての「現実」を作っているからだ。

事例を理解するとは、少なくともある部分では、その事例において自分や世界に関して作られているナラティブを理解することを含んでいると私は思う。心理臨床実践、医療実践などの臨床の現場では近年、援助対象者の「語る」ことを読み解いていこうとする態度が、よりよい実践のための土台としてますます重視されるようになってきた(8)。ナラティブの考え方はまた、これまで事例の詳細な研究に対して冷淡であった心理学の研究者にも、少数事例を見るための姿勢や枠組みを提供しているし、もっといえば心理学を超えてさまざまな領域の研究にもインパクトを与えている。単に口頭で語られたものばかりではなく、書かれたものもナラティブと捉えられるし、後で少し触れるように、その個人が生きる社会を理解するための切り口にもナラティブ概念が用いられるとしたら、その適用範囲は広く人文科学の諸領域にも広がることになるだろう。本書も決して例外ではない。本書ではナラティブというよりむしろ、「物語」という用語が用いられているので、その言葉が出てきたら少し注意して読んでいただければと思う。

三　生成変化するナラティブの力動性

対象をナラティブの視点で捉える場合には、ナラティブが「物語」という意味生成の行為であるという点を常に意識しておかなければならないだろう。その行為は、何かを口にする前に頭の中で完結しているわけではない。いかなる行為も具体的な時間と場において生起するものであるとしたら、例えば語るという行為にしてもその場の条件に左右される部分がある。そこにはたいてい聞き手がいるし、その行為が行われる具体的な場所や状況の制約もある。何をどのように表現するかは、その人がどういう時と場で語るかによって違ってくる。就職面接の場で面接官に向かって語る内容と自宅に戻って家族の前で語る内容とは、当然同一ではない。それぞれの場での語り内容は、聞き手の関心に応じた内容が口にされたり、聞き手に対してアピールしたい形に加工された語りがなされたりもする。書くという表現形式においても、本質的なところは変わらない。書かれる状況とか誰を読み手として想定するかによって、表出される内容や形式は揺れ動く。そんな揺れ動きの中で、語り手は自分のいいたいことを発見するかもしれないし、思わず口にしてしまったこと、筆がすべってしまったことに後になって縛られてしまうかもしれない。ナラティブはこのように、具体的な対人関係の場で絶えず揺動し、改訂されるダイナミックな性格をもつ。

また、改訂されたあと、改訂前のナラティブは消えてなくなるかといえば、決してそうとは限らない。あまり表には出て来なくはなっても、状況が変化すれば再び前面にせり出してくることもある。人によっては、積極的に場面ごとに使い分けたりもするだろう。ホロコーストを指揮したナチスの幹部が、家庭では妻子をこよなく愛する家庭的な人物だったという話があるが、不思議でも何でもない。むしろ、そうした多面性をもつのが人間だと考えた方がよいのではなかろうか。自己を語るナラティブは常に複数あると考えた方がよい。それが極端な病理性をもつと、多重人格ということになるが、そこまでいかなくても、ほとんどの人は複数の自己ナラティブの間でバランスをとりながら生きているものである。山田わかも含め、歴史的に名を残している著名な人物のナラティブを考える場合もまた同様であろう。そこに一色の単純なものを想定するとしたら、それは研究として単純にすぎるのではないだろうか。前面に出てくる分かりやすい自己ナラティブの向こう側に、それとは異なるこれまであまり知られていないナラティブを掘り起こし、多様なナラティブが絡み合う全体としてその人物を捉えようとする態度が、研究者には必要になるだろう。

前景から退却して、普段はあまり語られなくなったナラティブは決して失われるわけではない。それは言葉や行為の端々から露頭をのぞかせたりするかもしれないし、表には現れなくても気分や感情の形で中心的なナラティブに影響したり、その人の行動や行為に影響したりするかもしれない。精神分析ではそのように後景に沈んだナラティブを、「下意識」とか「無意識」とか呼んだのである。ナラティブを通じてアイデンティティの問題を捉えようとしたバンバーグら[9]は、前面には出てきにくいアイデンティティの様相を捉えるために、「スモール・ストーリー」という視点を提案している。「私はこういう理由でこういう人間なのでこうこうである」というように、積極的に語られる物語を、バンバーグは「ビッグ・ストーリー」と呼ぶ。それに対して、明確に自己に影響していない部分の語り内容や語り方、あるいは非言語的な行動に含まれる物語が「スモール・ストーリー」である。たとえばあるティーン・エイジャー男子は、仲間たちとの雑談の中で、ある女の子に関心をもつ「知人」について話をする。そして仲間から「それ、自分のこといってるんじゃないの?」と突っ込まれて、レゲー歌手のシャギーの歌、It wasn't meを歌い、自分でも「It wasn't me（それって僕だったわけじゃないよ）」とおどけて見せる。バンバーグらは、その歌の歌詞に出てくる男性——性的にアクティブだが深い関係にはコミットしたがらない——と自分を重ねつつそこから距離をとろうとするところに、その少年のアイデンティティの一面を見るのである。このように、主要な語り内容だけではなく、非言語的な部分も含めた語り方にまで目を向ける細やかな視線が、自己ナラティブの全体像を捉えていくためには必須の態度になるだろう。

ナラティブが生成される具体的な場面にはまた、対人的状況のようなミクロな文脈だけではなく、社会や文化といったマクロな文脈もまた関与する。目の前にいる他者は、その向こうに常にその他の他者や社会の存在を抱えているからである。近年の質的研究では、ナラティブと並んで「ディスコース」という言葉が個人の人生を見る際の視点として注目されているが、これは個人のナラティブと社会や文化を繋ぐ概念といえる。(10) ディスコースとは、大づかみにいえば「意味のある言葉のまとまり」といったくらいの意味であり、最近欧米では「ディスコース心理学discursive psychology」という分野も発展するなど、質的研究の中でもこの用語を目にすることが多くなりつつある。訳語としては「談話」と「言説」が知られているが、日本ではこれらはある程度使い分けられている。「談話」という訳語は、「教室内の談話分析」といった形で見ることが多く、意味としては、具体的な対話的やりとりの中でのひとまとまりの発話を示す。一方、「言説」と訳されるのは、より大きなレベルの意味のまとまりであり、個人が生きている社会や集団の中で共有されているものである。これはものの見かたの枠組みや常識ともしばしば関係しており、社会全体に広がる優勢なナラティブともいえるだろう。例えば、誰かがある種の逸脱行為を「病気」と見なすとき、その人は、医療の言説を自分の言葉に取り入れて使っていることになる。

私たちはさまざまなディスコースに囲まれその中で生活しており、自己ナラティブもそんな中で構築される。社会の中に生きている限り、ディスコースの外に出ることはなかなかできない。例えば、第二次世界大戦中の日本では、天皇陛下は名実ともに国の中心であるというディスコースが自然と共有されていた。天皇の肖像は「御真影」と呼ばれ、特に学校現場なのではていねいに扱われたという。そんな中で、天皇陛下のために戦い、死ぬという観念は、自然な思いとして多くの「軍国少年」の胸に刻まれていたに違いない。クリント・イーストウッドが監督した映画『硫黄島からの手紙』の中で、米軍に追い詰められた日本兵たちは、「天皇陛下万歳」と叫んで自決していく。現在の視点からはなかなか実感しにくいが、「天皇の赤子」としての使命を全うするのが正しい生き方だという、いわば天皇制国家のディスコースが、当時の個人の行動を強く方向付けていたことは明らかだろう。私たちは彼らの行動を見て「おかしい」と思うかもしれない。しかし「おかしい」と思うためには、その判断の基準が必要であり、その基準を与えるのもまたディスコースである。ディスコースを外から批判しようとしてそれを対象化したとしても、私たちはニュートラルな視点に立っているのではなく、別のディスコースに乗り換えただけであるともいえる。

とはいえ、ディスコースを生きる個人がそのディスコースをどれだけ自分の中に深く内在化させているかどうかには個人差がある。「天皇万歳」を叫んで自決していった日本兵たちにしても、その叫びに対する思いは千差万別であったはずである。心からの声として叫んだ者もいれば、上官や周りの者からのプレッシャーによってその言葉を口にせざるを得なかった者もいたと想像される。『硫黄島からの手紙』にもそうした個人差は鮮やかに描き出されていた。人は誰もディスコースの影響下で生きているとはいえ、そこからの距離の取り方やそれとの向き合い方は人それぞれである。つまり、彼らはディスコースに対して独自のポジション（立ち位置）を取っているのだ。

本書の各章で示されていたように、山田わかも彼女が生きていた時代のディスコースのもとで発言していたようなところがある。ただ、そこには彼女なりのディスコースへの態度があったはずであろう。それを読み解いていくのが、研究者の課題であり、本書の各章ではそれが実際に達成されているように思われる。そしてそのときに同時に問われるのは、それを特徴づけ、ときに価値判断もしようとする私たち一人ひとりが生きているディスコースでもある。

四　事例の向こう側を読む

ここまでのところでは、個々の事例を読み込んでいくために、近年質的研究において採用されることが多いナラティブの視点について、いくつかの側面を紹介した。その上でここからは、事例に関する情報をていねいに収集しその資料を読み込んでいくことにどういう意味があるのかを、実証研究の観点から考えておきたい。簡単にいえば、事例から私たちは何を読み取っていけるのかということである。事例研究の理論家であるステーク[11]は、事例研究を「道具的なもの」と「内在的なもの」に分けている。道具的な事例研究とは、その事例を「道具」つまり手段として、その向こう側に想定される別の事例の理解に役立つような知見を探索していくような研究である。「一般化可能性」とか「転用可能性」などの言葉で研究の価値が図られるのはこちらのタイプである。一方、内在的な事例研究とは、対象となる事例そのものが関心の対象となっているような研究である。例えば初めて観察された珍しい病気の症例についての研究や、前例のない凶悪な犯罪者の事例研究などがその典型である。

前者のような道具的な事例研究は、数量的な一般心理学の研究などに近いロジックをもっている。伝統的な心理学の実験研究では、想定する母集団から適切なサンプルを選んで、実験状況におけるそのサンプルの行動をデータとして記録していく。サンプルをランダムに(作為をせずでたらめに)数多く選んでおけば、その平均的な特徴を拾っていくことで、母集団全般の行動を推測できる。多数のランダム・サンプルの平均的な特徴は、母集団の平均的な特徴とも合致するはずだからである。質的研究の場合では、多数のランダムなサンプリングは難しいわけだが、その母集団の広がりに近いいろいろな対象者を選ぶように心がけることがある。[12] ただ、事例研究となるとその定義上、たくさんのサンプルが選ばれているわけではない。複数事例研究もあり得るが、それでも数例を超えることはまれである。当たり前だが、その数例で母集団全体をカバーできる可能性はゼロに近い。

ただ、少数の事例であっても、それが今まで何らかの理由で明らかにされていなかった対象の一面に切り込むものであれば、その研究結果が「道具的」に読まれることはまれではない。例えば、現象学的精神病理学においては、あまりにも自明であり過ぎて普通の人では意識することのない「日常世界」の構造を知るために、統合失調症の体験の事例が細かく検討されてきた。[13] これは特殊な立場にある少数事例だからこそ記述することができる内容を扱っており、その向こう側に、一般の人が見落としている日常世界の土台のようなものが取り出されることになる。同時にそれは、統合失調症という一見不可解な病理症状を、「健常者」の経験と連続的なものとして、理解可能なものにする試みでもあったといえるだろう。

普段はなかなか知り得ない特定のカテゴリーの人の体験を理解するために、彼ら自身のナラティブの事例がその手がかりを提供することはしばしばある。たとえば、自閉症スペクトラムの方が書いた自伝が近年では何冊か出版されている。よく知られているのは、ドナ・ウィリアムズの『自閉症だったわたしへ』[14]である。これは、「自閉症」の診断名をもつ筆者が、幼少期からの自分の体験を詳細に書き記したものであり、詳細な自己ナラティブの資料といえる。知的障害があったりコミュニケーションのために言語を用いることが少なかったりする自閉症児・者の場合、その内面で何が起こっているのか、どのような経験がなされているのか、第三者が見てとることは非常に難しい。その点この書物は、自閉症児・者に関わっている多くの人に貴重な情報をもたらしてくれる。もちろん厳密にいえば、ドナの語る内的な体験が、すべての自閉症者にそのまま当てはまるとかどうかは分からないし、彼女の語ることがすべて「自閉症」と呼ばれる状態と関係しているとはいえないだろう。しかし、それでもそこで語られる体験が彼女の特異な行動と結び付くとき、多くの読者はそこに他の自閉症者にも見られる行動の背景を探る手がかりがあると感じるだろう。最近では、「当事者研究」という名称で、障害をもたれている方自らが自分について探索し、それを記述・公表することも増えている。[15] それらも含めて、具体的な事例の自己ナラティブはこれまで見えなかった対象者の内面世界を理解するための、貴重な切り口を多くの人に与えてくれる。

事例の読みは、現実に今存在する同じカテゴリーの他の事例を、直接的なかたちで理解するための助けになるばかりではない。それを端的に示している事例研究として、社会学者の見田宗介の『まなざしの地獄』[16]を挙げることができると思う。本書は一九七〇年代に書かれたモノグラフの再版なのだが、殺人犯で死刑囚でもあった永山則夫という事例についての研究である。永山は一九六〇年代後半に連続ピストル射殺事件を起こし、死刑囚として収監された後には多くの小説を執筆したことでも有名である。犯罪学者でも心理学者でもない見田は、「凶悪な犯罪者」の心理や体験について知るために、「内在的な事例研究」をしたわけではない。といって、普通の意味で「道具的な事例研究」をしようとしても、連続殺人犯の母集団を想定することはなかなか困難だろう。犯罪者全般を考えたところで、永山は決してその平均的な位置にいるわけでもない。見田が最終的に永山の人生に見ようとするのは、一九六〇年代に地方から東京に出てきて都市の荒波に翻弄された数多くの若者の姿であり、その当時の社会のありようである。むろん永山のように犯罪に走る若者、ましてや連続殺人を犯すような若者は例外ともいえるのだが、見田はむしろ、平均像においては薄められた形でしか現れない当時の若者の体験が、永山においていっそう明確な、凝縮された形で現れているとみる。そのモノグラフのタイトルである、『まなざしの地獄』とは、都市の繁栄から排除され、孤立し、不遇感を託《かこ》ちつつ生きていた地方出身の若者の体験した物語を象徴した言葉なのである。

永山はかなりよく知られた人物なのだが、もっと無名の人びととの事例をていねいに記述することが、私たちの生きている社会を照らし出す場合もある。例えば蘭由岐子の『「病いの経験」を聞き取る――ハンセン病のライフヒストリー』[17]は、そのタイトルの通り、ハンセン病の患者対象に、長時間の聞き取りをした結果を、十名の事例に焦点を絞ってまとめたものである。ハンセン病はかつて不治の病といわれており、一九九六年の「らい予防法」の廃止まで一世紀近くにわたって医学的には不必要な強制隔離がなされてきた。それによって家族から引き離されたり、無断退所して履歴を隠しながら生きてきたりした人生の語りを読むとき、われわれ読者に伝わってくるのは、患者の人生の多様なありようだけではない。もしそうだとしたら、日常生活の中で彼らに関わりをもたないで生きている多くの人にとっては所詮他人事に過ぎないだろう。同書で事例の向こうに筆者が読み込んでいるのは、読者もまたその一員である日本社会の――もっといえば人間社会の――問題点であり、そこで私たちを拘束しているディスコースのようなものである。読者もまた、ハンセン病患者の事例を通じて、彼らの困難が自分たちの引き受けるべき問題であることを、文字通り「体感」することになる。

「事例」とは何かの例である。したがって、事例を検討する研究は、常にどこかで道具的な研究をやっていることになる。しかし、事例の向こう側にある「何か」の想定は必ずしも自明とはいえない。それを実際何にするかは、研究者の視点によってまた違ってくるだろうが、何でもありというわけでもないように思う。想定されるのが、読み手である読者と繋がる何かであること、読者にとって自分や自分の生きている世界を照らし出し、あるいは問い直す何かであることが、すぐれた事例研究の出発点といえるのではなかろうか。

山田わかの場合もそうである。もちろん彼女は、戦時期日本に生きた女性の平均的な存在ではないから、単純に分かりやすい母集団が想定されるわけではない。むしろ、彼女の人生の特異的な部分にこそ、通常の事例では見えてこないかもしれない人間性の一面や、私たちが生きる社会の実相が見えてくるところがある。例えば、「商品化」されるという体験が個人にどのような意味をもたらすのか、社会はどのような物語りを山田わかに投影してきたのか……等々、切り口はさまざま考えられる。本書では、執筆者の先生方それぞれの独自の視点で、山田わかのナラティブに対して問いが投げかけられ、その向こう側を見据えた議論が展開されているといえるだろう。山田わかの人生を「道具」として、その向こうに何を見ることができ、それをいかに説得的な形で読者に伝えられるのかということが、本事例研究の価値をはかる一つの目安である。

五　事例の内在的な価値

前節では「道具的」に事例を読むというスタイルについて議論したが、ステーク(18)のいう「内在的事例研究」の概念が示唆しているように、事例にはそれ自体の魅力や意味があるのも確かである。本書のそれぞれの章を読むと、山田わかの人生はそれとして興味深く、面白く感じられるに違いない。少なくとも、「他の母集団が云々」という「道具的事例研究」のための議論を吹き飛ばす力もまたもっているようにも感じられる。前のセクションでは、ドナ・ウィリアムズの自叙伝を「道具的」に読めるテクストとして言及し、永山則夫の事例研究も「道具的」な特徴をもつ研究として紹介した。しかし同時に、それ自体の面白さを否定する人もあまりいないであろう。

しかし、そこでいわれる興味深さ・面白さとは一体何だろうか。それは読者にとって何か役に立つことがあるから読者を引き付けるのだろうか。例えばマスコミは、有名人のロングインタビューや自叙伝を載せるなど、個人の人生の事例を詳細に読者に示すことがある。日経新聞の文化面に連載されている「私の履歴書」などは、著名人が自らを語る人気記事であり、一九五六年からすでに六十年以上にわたって連載が続いているという。それが長年受け容れられているのは、事例の中に何か私たちを引き付けるものが含まれているのだろうが、それ自体の面白さといっても、本当に他から全く切れてしまった事例自体の面白さかというと、そうではないような気がする。他と全く切れている原子のような個など実際には存在せず、何らかの関係性がその対象を読者へと繋いでいるし、そうでなければ事例は誰の関心ももたれないままに忘れられてしまうだけだろう。内在的事例研究には内在的事例研究なりの「向こう側」があるように思われる。

メディアに報道される著名人の事例が読者の関心を引くのは、読者がそこに可能性、あるいは夢を見るからかもしれない。将来そうなるかもしれない、あるいはそうなってほしい一つの可能性である。ショーフィールド[19]という研究者によれば、事例研究に意義があるのは、現在ある他の事例の属性を推測するという意味での「一般化」をもたらすからばかりではない。現在はまだ存在しない未来の姿を展望し、そうなるためにはどうすればいいか、あるいはそうならないためには何ができるかを読者に示唆してくれるのが、事例の強みである。例えば、個人を対象にした事例研究ではないが、教育学者がパソコンを使った先進的な授業を行っている学校を事例として研究することがあるかもしれない。その場合の事例の記述から、読者は、どんな条件のもとでそうした先進的なアプローチが可能になるのかを読み取り、自分の周りでそうした試みを行うための手がかりを得ることになるだろう。事例だからこそ、私たちは仮想的にその場に自分の身をおき、その状況を体感できる。これは、先に紹介した、ナラティブ的な思考の一つの形であるともいえるかもしれない。

たとえば教育学者のダグラス・ビクレンは、「ファシリテイティッド・コミュニケーション（facilitated communication）」と呼ばれる手法を用いて、ほとんど口頭言語の表出がなかった重度の自閉症者にキーボードを打たせ、彼らがその思いや考えを表現できる可能性を示している。すべての自閉症者がこうした手法を習得できるとは限らないし、習得できたとしても、ビクレンが紹介したほど豊かな語りを表現できるわけではないかもしれない。しかし、そうした事例が存在するという事実の呈示は、自閉症者に関する従来の固定的なイメージに疑問符を付けるだけのインパクトをもつだろうし、その多様な生のあり方について考えるきっかけを私たちに与えてくれるだろう。[20] 可能性はもちろんポジティブなものばかりではない。先に述べた永山則夫のような事例の場合には、どちらかといえば、ネガティブな可能性にあたる。そこでは、連続殺人のような事態に至ってしまった条件にはどのようなものがあるのかを明らかにすることが、その目的の一部に組み込まれてもよいだろう。いわば、永山の「悲劇」のありようと背景を検討し、そうした状況に陥らない個人的・社会的な条件を探る、貴重な資料とするのである。彼らは、統計的にいえば「外れ値」であり、平均を探るためには役に立たない。しかし、「外れ」ているからこそ、普段であれば見えない人間のあり方の可能性が、そこにより明確な形で表れているともいえるのである。

ポジティブな可能性にせよネガティブな可能性にせよ、その背景にある条件ないし要因は、当然のことながら決して単純ではない。出来事は常に一回限りであり、取り替えがきかないと同時に取り返しがつかない。個人の成功も失敗も数多くの要因のもとで生じたことであり、そこには、客観的な条件だけではなく、複数の主観的なナラティブやそれをとりまくディスコースが関与しているはずである。その意味では、自然科学や伝統的な数量的研究が求めるような分かりやすい再現はあり得ないのだが、ただ、それでも、類似のパターンを読み取ることは可能であるかもしれない。「歴史は繰り返す」とまでいうといい過ぎだが、かつて小説家のマーク・トウェインはその言葉をもじって、「歴史は同じようには繰り返さないが韻を踏む」と述べたそうである。類似のパターンとは、そこでいわれている「韻」のようなものである。「韻」は、知的なものというよりも響きの類似のことであり、きわめて身体的・感覚的なもので、本稿の第一節で述べた「比喩」とも対応している。

もう一つ気を付けなければならないのは、事例ごとに単純に「ポジティブ」か「ネガティブ」

のどちらかがそこにあるわけでもないという点である。個々の事例は、山田わかもそうだが、必ずしもよいとか悪いとかいった価値判断ができるほど単純なものではない。むしろ、事例の詳細な読みを通じて、正の可能性と負の可能性を腑分けしなければならないこともあるし、場合によっては読む側の視点によって、正の可能性と負の可能性が何度も反転することもあるだろう。山田わかの人生の中における対人援助やケアへの志向と強い意志は、時代的制約や彼女の人生の文脈に照らして希有なものに見えるかもしれない。しかしそれがどこかで国家に向かうナラティブと繫がらざるを得なかったとしたら、それは単純にポジティブな可能性ともネガティブな可能性とも決めることができなくなる。そんな中でも私たちは山田わかの人生から何を可能性として取り出し、何を学び取ることができるのか。それぞれの事例を「ポジティブな可能性」として見たり「ネガティブな可能性」と見たりする中で、読者はいずれか一方だけに回収されることがない事例と、それをそのように価値判断する自分自身の複雑さに出会うのである。すぐれた事例研究は、いわば読み手一人一人の自己発見の旅でもあるのだ。

六　おわりに

ナラティブの視点を取るとしたら、現実は一つではなく、さまざまなナラティブがあるだけだといえる。ブルーナー流にいえば、人は特定のナラティブ——一つかもしれないし、複数かもしれない――を生きているのだが、それを理解しようとする側も独自のナラティヴによって対象のナラティブを枠づける。その枠付けはある種のナラティブを見やすくするが、別のナラティブを見えにくくしてしまうかもしれない。それはちょうど、若い女と老婆の多義図形において、老婆を見ているときには若い女が見えず、若い女を見始めると老婆が見えなくなるようなものである[21]。ナラティブ研究で重視されるのは、そうした多義図形的な現実を前にして、今まで見えていなかった図を発見し、露わにして、現実の見え方の全体を変化させることである。現実をそのままコピーするのではなく、これまでの現実とは異なるナラティブ（物語）を発見し、生の可能性を広げていくことがナラティブの視点に基づく研究の醍醐味である。ナラティブ・セラピーという比較的新しい心理療法があるが、このセラピーが目指すのもまさに、クライアントにとってうまく機能していない従来の物語をカッコにいれて、別の語り方、別の世界の可能性を見出すことである[22]。

個々の事例研究のよさも、最終的には、読者一人ひとりがそれを読むことで人生の可能性をどれだけ広げられるかによって判定することができるだろう。十分な資料を用いていること、読者にも納得できる解釈をしていることは、当然の前提である。それに加えて、先ほど引用したクヴァールは、インタビュー研究の「妥当性」を論じる中で、「プラグマティックな妥当性」を挙げている[23]。これは、研究の中で呈示された知見を読み手が使うことでどれだけ現実を変化させられるか、ということに関係している。いい換えれば、その研究で分かったことがどれだけ使用価値をもっているかが問題になるのである。「現実を変化させる」というと、臨床などの実践家やアクションリサーチに携わる実務家だけにあてはまることのように思えるかもしれないがそればかりではない。ここでは「使用価値」の「使用」をもう少し広くとっておきたいと思う。対象に対する理解が少し変わることで読み手にとっての世界の見え方が変化し、それに対応して行動や対話の可能性が広がったりすることがある。いわば、対象に対するナラティヴが変わることで、自己ナラティヴにも影響が及ぶということである。

本書は、山田わかというある意味で傑出した女性の人生を一つのテクストとして、そのナラティヴを検討した個々の筆者なりのナラティヴであるといえる。それぞれの章は私たち読者に「山田わか」の多様な読み方を示唆してくれる。そこには、売春を強いられそれを自己ナラティヴの底に沈めて生き続けざるを得なかったわかもいれば、母性を礼賛しつつ戦時という時代状況下で次第に国家主義に傾倒していったわかもいる。本書を通じて、私は例えば、母性という個人的にも見えるディスコースが国家主義というディスコースに絡め取られていく様相に触れたし、社会学でいう親密圏と公共圏が個人のナラティヴの中で浸透し合う現場にも立ち会うことができたように思う。それらは、遠い過去の出来事というよりも、私たちがこの二十一世紀の日本で直面していることとどこかで響き合うものである。私は山田わかという視点から、自分と自分の社会を見直す。それはこれまで見落とされていた側面を照らし出してくれる新たな視点である。繰り返しになるが、事例を読むとは誰かについての客観的な認識を増やすことというよりも、その事例を通して自分を見直す視座を獲得するということに他ならない。それは、わかの姿を新たに見直す可能性であると同時に、現在の自分や自己を見直す可能性でもあると考える。

本書の読者が広がり、より多くの人が新たな視点で新たな自分と出会うことを期待して、この文章を終えることにする。

注

(1) スタイナー・クヴァール、能智正博・徳田治子訳『質的研究のための「インター・ビュー」』新曜社、二〇一六年。

(2) 河合隼雄「事例研究の意義と問題点――臨床心理学の立場から」『新版 心理療法論法』創元社、二〇一三年（初出『臨床心理事例研究 3』京都大学教育学部心理相談室、一九七六年）。

(3) キース・J・ホリオーク、ポール・サガード、鈴木宏昭・河原哲雄監訳『アナロジーの力――認知科学の新しい探求』新曜社、一九九八年。

(4) 下山晴彦『これからの臨床心理学』東京大学出版会、二〇一〇年。

(5) 能智正博『質的研究法』東京大学出版会、二〇一一年。

(6) ジェローム・ブルーナー、田中一彦訳『可能世界の心理』みすず書房、一九九八年。

(7) やまだようこ「人生を物語ることの意味――ライフストーリーの心理学」『人生を物語る――生成のライフストーリー』ミネルヴァ書房、二〇〇〇年、三〜三八頁。

(8) リタ・シャロン著、斎藤清二他訳『ナラティブ・メディスン――物語能力が医療を変える』医学書院、二〇一一年。

(9) Bamberg, M. & Georgakopoulou, A. ,2008, Small stories as a new perspective in narrative and identity analysis. Text & Talk, 28 (3), pp.377-396.

(10) 鈴木聡志・大橋靖史・能智正博『ディスコースの心理学――質的研究の新たな可能性のために』ミネルヴァ書房、二〇一五年。

(11) Stake, R.E. (2005) Qualitative case study. In N. K. & Y. S. Lincoln (eds.) The Sage handbook of qualitative research (3rd ed.) Sage. pp443-466

(12) ダレン・ラングドリッジ、田中彰吾他訳『現象学的心理学への招待――理論から具体的技法まで』新曜社、二〇一六年。

(13) 木村敏『異常の構造』講談社、一九七三年。

(14) ドナ・ウィリアムズ、河野万里子訳『自閉症だったわたしへ』新潮社、二〇〇〇年。

(15) 浦河べてるの家『べてるの家の「当事者研究」』医学書院、二〇〇五年。

(16) 見田宗介『まなざしの地獄――尽きなく生きることの社会学』河出書房新社、二〇〇八年。

(17) 蘭由岐子『「病いの経験」を聞き取る――ハンセン病のライフヒストリー』皓星社、二〇〇四年。

(18) Stake, R.E. 前掲 Qualitative case study.

(19) Schofield, J. W., (1990), Increasing the generalizability of qualitative research. In Eisner, E. W. & Peshkin, A. (eds.), Qualitative inquiry in education (pp.201-232). Teachers College Press.

(20) ダグラス・ビクレン、鈴木真帆他訳『「自」らに「閉」じこもらない自閉症者たち――「話せない」7人の自閉症者が指で綴った物語』エスコアール、二〇〇九年。

(21) 能智、前掲『質的研究法』。
(22) 国重浩一『ナラティヴ・セラピーの会話術――ディスコースとエイジェンシーという視点』金子書房、二〇一三年。
(23) スタイナー・クヴァール、前掲『質的研究のための「インター・ビュー」』。

山田わか年譜

明治12年	一八七九年	0歳	十二月一日　旧神奈川県三浦郡久里浜村（現在は横須賀市）において、父・浅葉彌平治、母・ミヱの三男五女八人きょうだいの四番目、次女に生まれる。
明治19年	一八八六年	6歳	四月　久里浜尋常小学校入学。
明治23年	一八九〇年	10歳	三月　久里浜尋常小学校（四年制）を卒業。
明治29年	一八九六年	16歳	八月二十日　同郡横須賀町小川の荒木七治良と結婚するが、経済感覚の相違、生家の没落を理由にまもなく離婚する。
明治30年	一八九七年	18歳	生家の金銭的援助のために上京するも、途中、横浜の女衒（ぜげん・性風俗関係の人身売買の仲介業者）に騙され渡米し、シアトルの娼館に売られる。以降、「アラビヤお八重」の名で、娼館での生活を余儀なくされる。
明治36年	一九〇三年	24歳	新聞記者・立井信三郎に助けられ、サンフランシスコに脱出。娼婦救済施設キャメロンハウス（キリスト教長老派協会セツルメント）に身を寄せる。同年十二月　立井信三郎、服毒自殺。わかとの失恋が原因とされる。
明治37年	一九〇四年	25歳	キリスト教の洗礼を受ける。
明治38年	一九〇五年	26歳	社会学者の山田嘉吉と結婚。嘉吉四十歳。
明治39年	一九〇六年	27歳	サンフランシスコ大震災。嘉吉の蔵書を失い帰国。旧東京都四谷区伊賀町四十一番地に居住。嘉吉が語学塾（英語や仏語など）を開き、のちに幸徳秋水の紹介で大杉栄らが通塾生となる。
大正2年	一九一三年	34歳	大杉栄の紹介により、『青鞜』三巻十一月号にオリーヴ・シュライナー「3ツの夢」の翻訳を発表。『青鞜』への最初の投稿となる。以降、『青鞜』最終号までの間に、レスター・ウォード『女子教育論』やエレン・ケイ『児童の世紀』の世紀の翻訳、自作小説「女郎花」やエッセイ等を順次掲載。
大正4年	一九一五年	35歳	『青鞜』五巻八月号で「堕胎に就て」を発表し、「堕胎論争」に参加。

大正7年	一九一八年	38歳	『太陽』九月号で「母性保護問題」を発表し、大正八年まで「母性保護論争」に参加。
大正8年	一九一九年	39歳	『女・人・母』刊行。
大正9年	一九二〇年	40歳	『婦人と新社会』創刊。山田わかの個人評論雑誌。わかを主筆とし、嘉吉を編集発行人とする。嘉吉が発病した一九三三（昭和八）年七月の第160号まで刊行。同年、『恋愛の社会的意義』刊行。平塚らいてうらの新婦人協会に、評議員として短期参加。同年、『愛と生活と』、『社会に額づく女』、『婦人の解放と性的教育』刊行。
大正10年	一九二一年	42歳	愛国婦人会の機関紙『愛国婦人』で執筆開始。
大正11年	一九二二年	43歳	『家庭の社会的意義』刊行。
大正12年	一九二三年	44歳	『婦人問題概説――社会学より観たる婦人問題』刊行。
昭和2年	一九二七年	48歳	『昭和婦人読本』（処女編・家庭編）刊行。
昭和3年	一九二八年	49歳	四谷婦人会創立、副会長に就任。同年、『現代婦人の思想とその生活――母性愛の擁護を基調とする婦人論』刊行。
昭和5年	一九三〇年	51歳	東京連合婦人会副委員長に就任。
昭和6年	一九三一年	52歳	五月一日から『東京朝日新聞』家庭面の「女性相談」を担当。日曜休載とし、一九三七年二月十九日まで担当する。
昭和7年	一九三二年	53歳	三月三十日付「女性相談」を端緒に、「堕胎論争」が発生。同年、『新輯女性読本』刊行（『昭和婦人読本』処女編・家庭編を一冊に再録。同年、女性相談の回答をまとめた『女性相談』刊行。
昭和9年	一九三四年	54歳	五月に母子扶助法制定促進婦人連盟（翌年四月、母性保護連盟と改称）が結成されると、初代委員長に就任（同年九月）。『主婦之友』顧問に就任。同社社長の石川武美による要請。 七月、山田嘉吉死去。嘉吉の香典返しを廃し、連盟の活動基金として五百円を寄付する。

昭和10年	一九三五年	56歳	「母を護るの会」設立。社会事業活動の開始。第八回全国社会事業大会に出席し、家事調停制度の必要性を演説。
昭和12年	一九三七年	57歳	三月に「母子保護法」制定（翌年一月施行）。十月から翌年三月まで『主婦之友』遣米婦人使節としてアメリカに渡る。
昭和13年	一九三八年	58歳	七月より「母を護るの会」施設の建設に着手。
昭和14年	一九三九年	59歳	三月に「人事調停法」制定（同年七月施行）。東京の調停委員としてわかが委嘱される（ほかに二十四名）。渋谷に幡ケ谷母子寮・幡ケ谷保育園完成。
昭和15年	一九四〇年	61歳	愛国婦人会評議員に就任。
昭和16年	一九四一年	62歳	三月―十二月主婦之友親善使節として、ドイツ及びイタリアへ出立。戦火のため欧路による帰路がなく、アメリカ経由で帰国するも、太平洋上にて日米開戦の報（十二月）を聞く。
昭和17年	一九四二年	63歳	主婦之友社より、『戦火の世界一周記』刊行。ヒトラーとムッソリーニの体制を激賞する。
昭和20年	一九四五年	65歳	五月に戦災により、自宅と「母を護るの会」の母子寮・保育園施設が焼失。事業休止。自宅地下の嘉吉文庫の蔵書は被災を免れるも、後年の売却により散逸する。『主婦の友』十一月号で婦人身の上相談再開の予告。
昭和21年	一九四六年	67歳	家裁調停委員に就任。
昭和22年	一九四七年	68歳	売春婦の更生施設として、幡ヶ谷女子学園を設立。社会事業の再開。
昭和32年	一九五七年	77歳	九月六日 心筋梗塞により死去。享年七十七歳。墓地は東京の多磨霊園（埋葬場所：四谷の西念寺）に、夫・嘉吉と共にある。

参照文献

山崎朋子『あめゆきさんの歌――山田わかの数奇なる生涯』文藝春秋、一九七八年
保高みさ子「山田わか」瀬戸内晴美編『自立した女の栄光――人物近代女性史』講談社、一九八九年
らいてう研究会「『青鞜』から社会事業を志す山田わか」『『青鞜』人物事典――110人の群像』大修館書店、二〇〇一年
五味百合子「山田わか――人とあゆみ」林千代編『五味百合子女性福祉論集――学生とともに歩む』ドメス出版、二〇〇九年

ま

や

な

は

さ

た

索　引

執筆者一覧

編集・序文・第六章／望月雅和（もちづき・まさかず）
東京大学先端科学技術研究センター協力研究員、現代QOL研究所主席研究員・教育研究局長、小田原短期大学保育学科特任講師、早稲田大学ジェンダー研究所招聘研究員、日本心理職協会専務理事、日本子育て学会研究プロジェクト推進委員会委員長ほか

監修・解説／能智正博（のうち・まさひろ）
東京大学大学院教育学研究科教授

以下執筆順

第一・二章／大友りお（おおとも・りお）
日本映画大学映画学部教授

第三章／纓坂英子（おさか・えいこ）
駿河台大学心理学部教授、日本心理職協会理事

第四章／森脇健介（もりわき・けんすけ）
拓殖大学政経学部ほか非常勤講師、早稲田大学ジェンダー研究所招聘研究員

第五章／弓削尚子（ゆげ・なおこ）
早稲田大学法学学術院教授（ドイツ史・ジェンダー史）、同大学ジェンダー研究所所員

※執筆者の所属や役職等の表記は、本書の執筆時点である。

山田《やまだ》わか　生《せい》と愛《あい》の条件《じょうけん》
――ケアと暴力《ぼうりょく》・産《う》み育《そだ》て・国家《こっか》

二〇一八年二月十日　第一版第一刷発行

編著者　望月雅和
著　者　能智正博・大友りお・纓坂英子・
　　　　森脇健介・弓削尚子
発行者　菊地泰博
発行所　株式会社　現代書館
　　　　東京都千代田区飯田橋三―二―五
　　　　郵便番号　102-0072
　　　　電　話　03-3221-1321
　　　　F A X　03-3262-5906
　　　　振　替　00120-3-83725
組　版　プロ・アート
印刷所　平河工業社（本文）
　　　　東光印刷所（カバー）
製本所　積信堂
装　幀　箕浦卓

校正協力・沖山里枝子
 ISBN978-4-7684-5822-8
定価はカバーに表示してあります。乱丁・落丁本はおとりかえいたします。
http://www.gendaishokan.co.jp/